Sebastian Haffner

Als Engländer maskiert

Sebastian Haffner

Als Engländer maskiert

Ein Gespräch mit Jutta Krug über das Exil

Mit einer Nachbemerkung von Uwe Soukup

Deutsche Verlags-Anstalt

Stuttgart München

Die Deutsche Bibliothek - CIP-Einheitsaufnahme
Ein Titeldatensatz für diese Publikation ist
bei Der Deutschen Bibliothek erhältlich

2. Auflage 2002

Druck- und Bindearbeiten: Clausen & Bosse, Leck
Diese Ausgabe wurde auf chlor- und säurefrei gebleichtem,
alterungsbeständigem Papier gedruckt.
Printed in Germany

ISBN 3-421-05616-1

INHALT

VORWORT

Leben zwischen den Zeiten

Eine freundliche weiße Schneeschicht hatte sich über das graue Berlin gelegt an diesem 19. Februar 1989. Es war ein sehr englischer Nachmittag, den ich mit Sebastian Haffner verbrachte. Höflich, distinguiert empfing er mich zum Tee, ganz in der Würde des über Achtzigjährigen, in dessen Leben sich die Ereignisse des 20. Jahrhunderts eingeschrieben hatten. Um ein Kapitel aus diesem so bewegten Leben sollte es bei unserem Gespräch gehen. Der konzentrierte, intelligente Plauderton, den Haffner so gut beherrschte, nahm auch mich sofort gefangen. Mir schien, als wäre jeder Blick von ihm aus dem Fenster seiner Dahlemer Wohnung ein Blick zurück – auf das Berlin der dreißiger Jahre, auf die Emigration und sein Leben in England während des Krieges. Er hatte versucht, den Engländern Deutschland zu erklären – zu einer Zeit, als er es wahrscheinlich selbst nicht mehr so ganz verstand.

Ich hatte es mir schwieriger vorgestellt, Haffner zu einem Interview zu bewegen, das noch nicht einmal publiziert werden sollte. Es mußte ihm wohl recht seltsam erscheinen, daß eine Studentin aus München anreist, um mit ihm über das Exil zu sprechen und darüber eine Diplomarbeit zu schreiben. Über Jahre und Jahrzehnte hatte sich kaum jemand für diese Zeit interessiert. Als Haffner längst wieder in Deutschland lebte und zu einem der einflußreichsten Meinungsmacher avanciert war, ging es um ganz andere Dinge: Westintegration, Mauerbau, Kuba-Krise, »Spiegel«-Affäre. Auf den wichtigsten Foren der bundesdeutschen Öffentlichkeit meldete sich Haffner zu Wort. Den gesellschaftlichen Aufbruch der späten sechziger Jahre hatte er mit vorbereitet; gleichzeitig ließ ihn aber die Geschichte nicht los. Sei es mit seinen »Stern«-Kolumnen oder mit den historischen Büchern – sein Anliegen war: Deutschland erklären – diesmal den Deutschen selbst.

Als ich ihn traf, hatte Haffner neben seinem englischen schon längst wieder einen deutschen Paß in der Tasche. Aber in seinem Schreiben über Geschichte blieb er ganz Engländer: nicht akademisch-steif, sondern essayistisch thesenhaft, »auf eine Pointe hin« – wie er selbst sagte –, oft provokant, immer auf der Suche nach einer originellen Perspektive.

Doch durch meine Diplomarbeit war Haffner nun selbst Gegenstand geschichtlichen Interesses: In englischen Archiven hatte ich nach seinen Artikeln aus der Londoner Zeit gesucht, wollte wissen, was ihn damals bewegte, wie er über Deutschland dachte und wie er als Emigrant politisch Einfluß nahm. Das Gespräch mit ihm sollte nach den Methoden der »oral history« ausgewertet werden. Ich wollte einen Beitrag zur Exilforschung leisten, die große Defizite aufwies. Mein Interview-Wunsch und mein Quellenstudium in England, mein Anliegen, sein Exil zu dokumentieren und damit festzuhalten, was noch festzuhalten war – das könnte für Haffner ein klein bißchen Genugtuung gewesen sein. Gezeigt hat er es nicht.

Als ich nach fast drei Stunden das sechste Tonband einfädelte, ging unsere Zeitreise langsam zu Ende. Dämmerung machte sich breit in diesem Raum, der mit seinen Büchern, Teppichen und dem Wintergarten etwas Zeitloses hatte. Unser Gespräch über das Exil war anschaulich und lebendig gewesen bis in letzte Details; durch die Nachkriegszeit eilten wir jedoch in immer größeren Schritten. Sebastian Haffner war müde, der Rückblick auf ein langes Leben hatte ihn erschöpft, und mir wurde klar, daß ich mich bald verabschieden mußte.

Die Aufzeichnung dieses Gesprächs hat dann ihre eigene Geschichte erlebt: Lange schlummerte sie in den Kellern der Münchner Universität, bis Uwe Soukup bei den Recherchen zu seiner Haffner-Biographie im Frühjahr 2001 darauf aufmerksam wurde. So bat ich ihn um das Nachwort zu diesem Band, in dem er erläutert, welche entscheidende Rolle die Exiljahre im Leben und Schreiben von Sebastian Haffner gespielt haben.

Als dann im Spätsommer 2001 durch Fälschungsvorwürfe Haffners »Geschichte eines Deutschen« in ein ganz zweifelhaftes Licht gestellt wurde, bekam unser damaliges Gespräch plötzlich noch einen neuen und ganz anderen Stellenwert.

Hier gab Haffner Auskunft über dieses Buch, das er 1939 in London angefangen, aber nie beendet hatte. Es war sein erster Schreibversuch im Exil. Wer weiterhin das Entstehungsjahr von der »Geschichte eines Deutschen« anzweifeln will, müßte Haffners Aussagen zehn Jahre vor seinem Tod als bewußte Irreführung interpretieren. Die Fälschungsdebatte wurde zum feuilletonistischen Strohfeuer. Sebastian Haffner hätte sich nur wundern, vielleicht auch amüsieren können. Erregt hätte er sich darüber kaum – auch dabei ganz Brite.

Köln, 24. Januar 2002 *Jutta Krug*

INTERVIEW

Im Jahre 1938 beschlossen Sie zu emigrieren. In einer Kurzbiographie heißt es: »Im Dritten Reich strebte Sebastian Haffner eine Richterlaufbahn nicht mehr an.« Statt dessen haben Sie begonnen, für Zeitungen und Zeitschriften zu schreiben. Wie verlief der Entscheidungsprozeß, der zu Ihrer Emigration führte?

1936 bin ich aus dem Justizdienst ausgeschieden. Ich hatte ja meinen Assessor genau im Jahre '33 gemacht, also meine zweite juristische Staatsprüfung. Daß es mit der Karriere nichts werden würde, jedenfalls so lange das Dritte Reich dauerte, das war mir von Anfang an klar. Ich habe dann meinen ersten Urlaub genommen, den ich auch schon mit dem Hintergedanken, vielleicht wegzubleiben, in Paris größtenteils verbrachte, wo ich meine Doktorarbeit schrieb. Das war '34. Aber mit dem Wegbleiben, das wurde nichts. Ich war dann wieder hier und habe noch zwei Jahre lang, von Mitte '34 bis Mitte '36, so dies und das getan, meistens Anwälte vertreten, aber gelegentlich war ich auch auf dem Gericht tätig. Ich war mal ein paar Wochen in einer Scheidungskammer des Landgerichts 1 Berlin, das war im Frühjahr 1936. Aber das war alles sehr mit dem Wort »vorläufig« im Herzen. Man mußte sich ja irgendwie sein Geld zu verdienen suchen. Und ich war eben Jurist. Ich hatte Jura ja ganz ehrlich studiert in der Hoffnung, dann später irgendwann einmal Verwaltungsjurist zu werden und vielleicht in irgendein Ministerium zu geraten, aber das war alles mit Hitler aus. Was das Schreiben betrifft – ich hatte immer ein bißchen geschrieben, auch früher schon, so nebenbei. Zwei Romane habe ich vor dem Dritten Reich geschrieben. Es schwebte mir damals so eine Art Doppelleben vor:

Ich wollte ein höherer Beamter werden und die praktischen Dinge beeinflussen und nebenbei Romane schreiben, was ja in Deutschland nicht unbedingt üblich ist, aber zum Beispiel in Frankreich durchaus. Ich blieb dann beim Schreiben und fing an, für Zeitschriften zu schreiben. Einen Roman habe ich in der Zeit gar nicht mehr geschrieben, das war alles zu weitläufig. Ich hatte auch nicht das Gefühl, daß ich einen Roman derart, wie ich ihn gern geschrieben hätte, würde veröffentlichen können. Das war nichts Politisches, aber es paßte nicht mehr in die kulturelle Atmosphäre. Aber so harmlose Artikel zu schreiben, meist etwas snobistischen Charakters, das ging gerade noch. In den Jahren vor 1938 konnte man in Berlin jedenfalls durchaus noch so ein bißchen an dem ganzen Hitlerismus vorbeileben, sich in Kreisen bewegen, wo es keine Nazis gab und wo man so weiterlebte wie vorher. Man konnte das sogar bei Ullstein noch lange Zeit, nicht in Zeitungen so sehr. Obwohl – angefangen hatte ich beim Feuilleton der »Vossischen Zeitung«, als es die noch gab, im Winter '33/'34. Aber nachdem die »Voss« eingegangen war, habe ich eben hauptsächlich für Zeitschriften gearbeitet, für die »Dame«, die »Koralle«. Die Redaktionen, das waren noch keine Nazi-Redaktionen, das waren die alten Ullsteiner. Der Geist des Hauses Ullstein lebte noch ziemlich lange intern fort. Die Atmosphäre im dritten Stock Ullstein war noch sehr nicht-nazi, ich will nicht sagen anti-, aber nicht-nazi. Da konnte man so harmloses, snobistisches Zeug schreiben, was ich dann eben ein paar Jahre noch getan habe. Eine Weile war ich so eine Art Moderedakteur. Es gab eine neugegründete, aus mehreren zusammengefaßte Zeitschrift, die sich »Neue Modenwelt« nannte und die eine Beilage, »Die kleine Zeitung«, hatte. Das war eine etwas snobistische, etwas auf Mode, etwas auf das, was man damals für Frauenfragen hielt, ausgerichtete »kleine Zeitung« feuilletonistischer Art. Deren Redakteur war ich. Das war 1937. Davon lebte man gar nicht ganz schlecht, und man hatte wirklich auch noch das Gefühl, man lebt in einer Nicht-Nazi-Welt.

In den frühen dreißiger Jahren glaubte man auch nicht, daß das zwölf Jahre dauern würde. Man dachte, ach, das kann alles noch vorbeigehen. Man setzte immer noch gewisse Hoffnungen auf die Wehrmacht, auf die Reichswehr, wie sie damals noch hieß. Das waren ja altkonservative Leute, die auch später, am 20. Juli, zum Teil tatsächlich geputscht haben. Damals war das alles noch eine ganz andere Stimmung.

1938 wurde es ja eben erst richtig ernst. 1938 merkte man erst richtig, jedenfalls von innen, daß Deutschland sehr mächtig geworden war, daß es auf einen Krieg zuging, jedenfalls auf Eroberung, die zu einem Krieg führen würde. Da war Österreich, da war auch die große Blomberg-Fritsch-Krise, sozusagen die Entmachtung der Reichswehr. Es wurde ernst, und ich dachte, nun mußt du wirklich sehen, daß du hier rauskommst. Eben auch aus meinen privaten Gründen, weil ich ja hier in »Rassenschande« lebte. Ich war ja plötzlich strafbar, weil ich ein völlig harmloses Freundschafts- und Liebesverhältnis mit einer allerdings schon aus ihrem Job bei der Hochschule für Politik rausgeschmissenen, für Hitler jüdischen, in Wirklichkeit keineswegs jüdischen Dame hatte. Andererseits war es auch wieder so, daß wir keineswegs in ständiger Angst lebten, denn dort am Breitenbachplatz, wo meine Frau damals wohnte und wo ich ein und aus ging, lebten keine Nazis. Es war noch ein anderes Ambiente. Das war diese ehemalige Künstlerkolonie, da wurde man nicht denunziert. Es ist doch ganz interessant, daß wir mehrere Jahre lang so lebten, und es ist nichts passiert. Man konnte das, man war nicht nur von Denunzianten umgeben.

Ich bewegte mich mit meiner damaligen Freundin in einem Kreis von Leuten, die später ziemlich berühmt wurden, zum Beispiel Huchel, Eich, Horst Lange und seine Frau, Oda Schäfer, die kürzlich gestorben ist. Das waren alles ausgesprochene Nicht-, ja Anti-Nazis. Natürlich schimpfte man einhellig über die Politik. Andererseits waren es alles junge Leute in einem Alter, in dem man anfängt, eine Existenz zu gründen, Geld zu verdienen und zu heiraten, oder man ist schon verheiratet. Es waren alles Intellektuelle, die nur mit ihrem Kopf Geld verdienen konnten, also im Rundfunk, in der Presse oder indem sie Romane schrieben, wie Horst Lange. Man konnte nicht alles so schreiben, wie man wollte, man konnte aber trotzdem vermeiden, direkt etwas gegen sein Gewissen zu schreiben. Es gab noch so komische Grauzonen, wo man sich rumdrücken konnte. Das war für mich Ullstein, im dritten Stock bei diesen Mode- und sonstigen Zeitschriften. Man konnte natürlich nicht schreiben »Hitler ist gräßlich«, aber man mußte auch nicht schreiben »Der Führer ist wundervoll«. Man schrieb eben über Moden und Pferde und snobistische Bücher.

Was waren für Sie die prägenden Erfahrungen, die zu einer Ablehnung des Nationalsozialismus und schließlich zur Emigration führten?

Ohne meine beiden Schulen wäre mein Leben, insbesondere politisch, sicher ganz anders verlaufen. Daß mir die Juden so wichtig wurden und daß mich der nazistische Antisemitismus zur Emigration brachte, liegt an meiner ersten Schule, dem Königstädtischen Gymnasium in der Nähe des Alexanderplatzes. Mit mir in der Schule waren hochintelligente Juden, die Söhne von jüdischen Geschäftsleuten. Sie waren die geistige Elite des Gymnasiums, und unter ihnen fand ich meine Freunde und verwandten Seelen. Meine erste Schule lehrte mich: Die Juden sind das bessere, das intellektuelle und kultivierte Deutschland. Horst Wessel war auch ein Mitschüler von mir dort, aber er war nun nicht mein Freund.

In meiner zweiten Schule, dem Schillergymnasium, lernte ich eine zweite Elite kennen, die mich auch immer beeinflußt hat und der ich heute noch ein bißchen anhänge, und zwar Klein-Potsdam. Wir waren 1924 nach Lichterfelde umgezogen, und das war ein Klein-Potsdam. In Potsdam waren die Generäle, dort waren die Obristen, die mittleren und höheren Beamten und die mittleren Offiziere. Dort lebte schon lange vor Hitler der Geist des 20. Juli. Das waren Leute, die durchaus gegen die Weimarer Republik waren, die aber auch gegen die Nazis waren – sie waren gegen alles Rabaukentum, sie waren eben die deutsche Elite. Am Königstädtischen Gymnasium unter der jüdischen Elite war ich ziemlich links, hier wurde ich rechts. Mein ganzes Leben ist bestimmt gewesen von meinen Erfahrungen auf diesen beiden Schulen.

Aus welcher Geisteshaltung, aus welcher politischen Haltung heraus lehnten Sie den Nationalsozialismus ab?

Eine politische Haltung in einem definierbaren Sinne kann ich mir eigentlich gar nicht zusprechen. Ich gehörte keiner Partei an, ich war nicht einmal ein sehr entschiedener Linker oder Demokrat. Wenn es eine Regierung Papen/Schleicher auf die Dauer gegeben hätte, wäre ich vielleicht dagegen gewesen unter manchen Gesichtspunkten, aber ich wäre nicht weggegangen.

Was mich wirklich bestimmte, das waren zwei Sachen: Das eine war, daß es keinen Rechtsstaat mehr gab. Ich war ja schließlich Jurist, und das nicht ganz zufällig. Der Rechtsstaat war eine der Sachen, an die ich glaubte. Und all die ungeheuren Rechtsbrüche, die gleich '33 passierten – die Einrichtung der Konzentrationslager, wo man ohne Richterspruch, ohne angegebenen Grund hingebracht und beliebig lange festgehalten wurde, und die Zustände von denen man ja hörte, die dort von Anfang an herrschten –, das war die eine Sache. Und die andere Sache war die Judengeschichte.

Ich bin kein Jude, aber ich hatte von der Schule her sehr enge jüdische Freunde und, als ich etwas größer wurde, auch Freundinnen. Ich mochte nicht in einem Land leben, wo ich nicht die Leute als Umgang aussuchen konnte, die ich wollte. Ich fand auch die Behandlung der Juden von vornherein empörend. Ich wollte nichts damit zu tun haben. Eine Weile ging das sogar noch, ohne daß man emigrierte. In den mittleren dreißiger Jahren, besonders '36 zur Zeit der Olympiade, wo ja vieles plötzlich zurückgeschraubt wurde, konnte man so ein bißchen neben der ganzen Geschichte herleben, als ob es sie nicht gäbe, wenn man sich auf die entsprechenden Zirkel beschränkte. Aber alles das war '38 dann doch endgültig vorbei.

Daß ich aus dem Justizdienst ausschied, hatte auch mit den Nürnberger Gesetzen zu tun. Von da ab war ich strafbar, denn ich hatte damals bereits die Freundin, die ich dann heiratete, nachdem ich mit ihr emigriert war. Außerdem hätte ich solche Gesetze ja eventuell anwenden müssen. Das hätte mir blühen können, wenn ich im Justizdienst geblieben wäre. Das wollte ich nicht. Ich hatte auch das Gefühl, Schreiben ist etwas Internationaleres. Ich schrieb zwar nur Deutsch, aber es gibt ja Übersetzungen, und man kann eventuell eine andere Sprache besser lernen.

Kurz und gut, '38 wurde es ernst, und da beschloß ich, nun doch zu gehen. Es war gar nicht so einfach. Meine Freundin und ich emigrierten sozusagen getrennt. Sie emigrierte offiziell: Sie ging weg, mit ein bißchen Geld sogar, wofür sie allerdings die andere Hälfte ihres Geldes hier zurücklassen mußte als Reichsfluchtsteuer. Ich mußte irgendeinen Weg finden, wie ich mich nach England einschleichen konnte, was ich mit Hilfe eines halbfiktiven Ullstein-Auftrages tat. Ich sollte etwas über die großen Wohltätigkeitsunternehmungen des Lord Nuffield schreiben, eines Autoindustriellen, der damals sehr berühmt war für seine Gründungen. Dieses große private Mäzenatentum gibt es in Deutschland heute noch kaum und damals gar nicht, und so hatte das Thema einen gewissen Sensationswert. Das schien mir harmlos, weder nazistisch noch anstößig.

Die Leute bei Ullstein, die mir den Auftrag gaben, wußten: Ich wollte ihn nicht wirklich ausführen, ich wollte weggehen. Es kam dann auch nie dazu, weil ich in England von Anfang an auf meine dortige versuchte Existenzgründung hinarbeitete.

1938 kamen wir also mit einigen Mühen und Schwierigkeiten raus, zu verschiedenen Daten übrigens. Meine Freundin und spätere Frau ging im Juni, ich im August. Am 1. September heirateten wir in Cambridge, wo wir zunächst hinzogen, weil wir da ein paar Bekannte und Verwandte hatten, die mit der Universität zu tun hatten. Ich hatte im Hinterkopf, man könnte da vielleicht wieder etwas Akademisches anfangen. Daraus ist aber nichts geworden. Dann hatte ich zunächst sehr schlechte Zeiten, denn ich gründete eine Familie – mein Sohn wurde Ende '38 geboren, meine Tochter Anfang '40 –, und ich hatte eigentlich nichts, wovon ich leben konnte. Als ich dann Mitte 1939 einen Buchentwurf von Warburg angenommen bekam, mit 2 Pfund in der Woche Vorschuß, fühlte ich mich ungeheuer glücklich. Jetzt hatte ich immerhin irgendeine, wenn auch noch so kleine Grundlage, auf der man irgendwie zu existieren anfangen konnte.

Dann habe ich auch angefangen, erstmal altes Zeug, was ich noch so hatte, an deutschsprachige Feuilletons in die Schweiz zu verkaufen. Das brachte nicht viel. Und ich begann, für englische Zeitungen auch so unbedeutendes, harmloses Zeug zu schreiben. Das ging noch sehr schlecht. Ich konnte ein bißchen Englisch, ich hatte mein Schulenglisch. Ich hatte auch, ehe ich wegging, noch ein paar Privatstunden genommen, aber was ich schrieb, mußte dann von einem richtigen Engländer sprachlich überarbeitet werden. Es war kein wirkliches, journalistisches Englisch.

Als der Krieg ausbrach, gab ich dieses Buch, das ich Warburg angeboten hatte, auf und fand, jetzt muß man etwas schreiben, was für den Krieg nützlich und wichtig ist. Ich schrieb also das Buch, das später unter dem Titel »Germany: Jekyll and Hyde« in England und Amerika erschienen ist. Darin versuchte ich, so gut ich es damals konnte, eine Analyse der verschiedenen Volksstimmungen und Volksströmungen in Deutschland zu geben. Nachträglich muß ich sagen, obwohl vieles durchaus gut beobachtet war, war es zu optimistisch. Ich ging einfach davon aus, daß es eine Unmenge Leute gab, die eben nicht Nazis waren, nicht alle große Widerständler, aber eben, daß der Nazismus doch nur die knappe Hälfte des Volkes hinter sich habe. Dabei unterschätzte ich erstens die Entwicklung im Dritten Reich – was '33/'34 so gewesen ist, war '38/'39 schon nicht mehr so – und zweitens überschätzte ich die Stärke der wirklichen Gegnerschaft. Es war ein zu optimistisches Buch, aber es war nicht ganz dumm insofern, als ich viele Unterscheidungen machte, auch innerhalb der Pro-Nazi-Sachen. Es kam raus und hatte einen gewissen Erfolg und brachte mich so ein bißchen als einen Namen auf die Szene.

Weshalb wählten Sie Großbritannien als Emigrationsland?

Ich war ja schon 1934 in Frankreich gewesen, als ich meine Doktorarbeit machte, und ich war gern dort, Frankreich ist ein schönes Land. Frankreich war schon damals von deutschen Emigranten überlaufen und wollte sie im Grunde genommen nicht haben. Es hat mich gar nicht sehr überrascht, daß die deutschen Emigranten später bei Kriegsausbruch in Frankreich einfach alle wie feindliche Ausländer behandelt und interniert wurden, teilweise mit fürchterlichen Folgen, da sie damit den Nazis sozusagen auf dem Präsentierteller ausgeliefert wurden. Gut, soweit waren wir 1934 noch lange nicht, aber ich hatte gemerkt: Frankreich ist kein Emigrationsland. Frankreich ist sehr schön für Leute, die dahin Verbindungen haben, dahin gehören, Geld haben. Aber wenn man als deutscher Emigrant kommt, da ist man erst einmal ein Deutscher, was in Frankreich damals gar nicht so sehr angesehen war. Bis Amerika reichte einfach unser Geld nicht. Amerika war sehr weit, auch sehr umständlich. Man brauchte Bürgen, das war nicht zu machen.

Da gab es dazwischen also England, und in England war auch schon ein Teil der Familie meiner Frau. Es war auch ganz angenehm, daß man da nicht ganz ohne Leute war, die zwar dort auch alle erst gerade so geduldet waren, aber immerhin, man kannte jemanden und war nicht ganz so auf sich allein gestellt. Viel mehr war's eigentlich nicht. Gut, England war ein sympathisches, zivilisiertes Land, hatte eine gute Literatur, gute Zeitungen, gute Universitäten. Vielleicht würde sich da irgend etwas anknüpfen lassen. Es war also nicht so, daß ich dort etwas Bestimmtes vorgehabt hätte. Aber die Entscheidung erwies sich nachher als sehr glücklich, denn in Frankreich wäre man ja dann doch wieder im Nazi-Bereich gewesen und schlimmer dran als hier in Deutschland. England hat sich ja gehalten, man war immerhin auf einer Insel.

Nach England kam man jedoch sehr schwer rein. Wenn ich gesagt hätte, ich möchte hierher, um zu heiraten, weil ich in Deutschland die Frau, die ich heiraten will, nicht heiraten kann, hätten mich die Engländer für verrückt erklärt – »Wovon wollen Sie denn hier leben, wir haben Arbeitslosigkeit«. Das änderte sich im Kriege. Aber vor dem Krieg war es schwerer, irgendwo reinzukommen, als hier rauszukommen.

Wie haben Sie sich über Großbritannien als Emigrationsland informiert? Auf welche Weise haben Sie sich von dem, was Sie dort erwartet, vor Ihrer Emigration ein Bild verschafft?

Ich war einmal schon auf Reisen in England. Dabei hatte ich mich bereits ein bißchen umgehört, zum Beispiel bei dem Bruder meiner Frau und ihren beiden Schwestern. Eine davon war Schauspielerin und hatte ein bißchen was zu tun, und die andere war in London für einen Berliner Verband für nichtarische Christen. Sie hatte also auch etwas zu tun. Später stellte sie die Verbindung zu den Quäkern her, die mich rettete.

In Deutschland wußte man eigentlich eine ganze Menge über die Bedingungen für deutsche Emigranten in diesem oder in jenem Lande, besonders, wenn man sich mit dem Gedanken trug, selbst zu emigrieren. Irgendwie trug ich mich ja immer ein bißchen mit dem Gedanken. Dann hörte man sich um. Zum Beispiel 1936, im Olympia-Jahr, wo ja alles hier sehr gelockert war, gab es jüdische Emigranten, die vorübergehend hierher zurückkamen, sich die Olympischen Spiele ansahen – ihnen geschah auch nichts –, und sie erzählten natürlich auch, wie es draußen war. Der Gesamteindruck damals in der olympischen Zeit war der: Hier ist es ja längst nicht so schlimm, wie wir gedacht hatten, und draußen ist es viel schwerer, als wir gedacht hatten.

Es gab zwei Meinungen. In dem Kreis, von dem ich berichtete, sagte ich schon damals – und Oda Schäfer hat es sogar in ihren Lebenserinnerungen berichtet –, man muß hier weg, man wird hier doch in alles irgendwie hineingezogen. Man muß ja leben, dazu muß man arbeiten, und wir können alle nur schreiben oder beim Radio arbeiten, und das ist das Spezialreich Goebbels', und da entkommt man einer gewissen Mitwirkung nicht, ob man will oder nicht. Teilweise war man anderer Meinung und blieb. Dies waren aber auch keine Nazis, im Gegenteil. Die Emigration war auch unter Anti-Nazis, gerade auch unter Intellektuellen, die auf ihre Sprache angewiesen waren, nicht so eine sichere Lösung. Und wer weiß, was ich gemacht hätte, wenn ich nicht auch noch meine speziellen Gründe gehabt hätte.

Wie beurteilten Sie die Möglichkeit der inneren Emigration?

Die innere Emigration, also wenn man nichts mitmachte, nirgends Mitglied wurde, das war eine halbe Sache. Man konnte noch so sehr innerlich dagegen sein, äußerlich wirkte man eben doch dafür. Das habe ich übrigens in meinem allerletzten Buch geschrieben und hatte dabei ein bestimmtes Beispiel vor Augen, einen Mann, der damals für den Film gearbeitet hat und sich in seinen Erinnerungen sehr viel darauf zugute tut, daß die Filme alle absolut so waren, als ob es den Nazismus gar nicht gäbe. Diese Ufa-Filme der dreißiger Jahre waren ganz unpolitisch, niemand sagt je »Heil Hitler«. Das rechnet er sich als eine Art Widerstandshandlung an, es war aber das, was Goebbels wollte. Die Filme sollten harmlos sein, die Leute hier sollten auch mal ihre Unterhaltung haben, und die Leute draußen sollten sehen, in Deutschland ist ja alles halb so schlimm, da geht es ja völlig normal zu. Das war mir alles ein bißchen anrüchig.

Mit meiner jetzigen Frau, meiner zweiten Frau, habe ich oft darüber gesprochen. Sie war hier als Journalistin in der Zeit, und das verteidigt sie immer. Sie sagt, es gab ja hier auch nicht nur Nazis, und die Leute wollten ja auch mal ein bißchen was Nettes lesen. An sie muß man ja auch denken. Ich bin nach wie vor der Meinung, es war zweischneidig, und man konnte kein ganz gutes Gewissen dabei haben, gerade auch wenn man das Leben hier verharmloste und schmückte. Das gilt auch für die Dirigenten – Furtwängler, Böhm –, die hier blieben und allgemein hochgeachtete Aufführungen von Beethoven-Symphonien machten. Natürlich machten sie damit vielen Nicht-Nazis und Anti-Nazis eine Freude, aber gleichzeitig schmückten sie das Dritte Reich und trugen zur Verharmlosung bei, willentlich oder nicht willentlich. Aber darüber kann man heute noch verschieden denken. Andererseits, wenn alle Nicht-Nazis ausgewandert wären, wie wäre dann hier das Leben gewesen?

Worin lagen die Hauptprobleme Ihrer Anfangszeit in Großbritannien?

Sie waren finanzieller Art. In gewissem Sinne war das, was ich beging, Irrsinn. Ich wanderte aus und gründete eine Familie in einem Land, wo ich die Sprache nicht beherrschte, wo ich nicht einmal eine dauernde Aufenthaltsgenehmigung hatte.

Fanden Sie in Ihrer Anfangsphase Unterstützung bei Organisationen?

Als ich im Mai 1939 im Begriff war, wieder zurückgeschickt zu werden, weil ich ja unter falschen Vorwänden gekommen war, da haben mir komischerweise die Quäker geholfen, die damals überhaupt sehr hilfreich waren und sich ziemlich vieler solcher Notfälle annahmen.

Also, ich hatte ja nun Zeit genug gehabt, meine Reportage für Ullstein zu schreiben, und daß ich nun inzwischen geheiratet hatte und nicht mehr zurück konnte, ja, das war meine Sache. Ich nehme es den Engländern gar nicht übel. Sie mögen diesen halben Schwindel, zu dem ich verurteilt war, nicht, das mögen sie noch heute nicht, und das ist ja ein anständiger Zug bei ihnen. Für mich war das sehr bedrohlich. Eine Quäker-Dame ist also ins Home Office gegangen und hat gesagt, sehen Sie mal an, der Mann hat hier eine Familie gegründet und sich in Deutschland unmöglich gemacht. Wir können ihn doch nicht zurückschicken. Sie haben mehr mit solchen humanitären Gründen argumentiert. So bekam ich also für ein Jahr eine Aufenthaltserlaubnis, und ich war damit schon mal ganz beruhigt. Denn im Frühjahr, im Sommer 1939 sah man schon, binnen eines Jahres kommt der Krieg, und dann können sie dich nicht mehr nach Deutschland zurückschicken. Ich habe mich dann dort eigentlich nie weiter auf Emigrationsorganisationen gestützt.

Betrachteten Sie Ihre Emigration von vornherein als befristet? Gingen Sie nach Großbritannien mit dem Gedanken, vielleicht sehr bald wieder nach Deutschland zurückzukehren?

Diesen Gedanken hatte ich damals nicht mehr. 1934 hatte ich ihn nicht nur, sondern habe ihn auch ausgeführt und bin nach Frankreich unter einem halben Vorwand gegangen. Die nötigen Studien für meine Doktorarbeit über internationales Recht hätte ich zur Not auch hier machen können. Ich machte sie aber bewußt im Ausland mit dem

Hintergedanken: Vielleicht ergibt sich dann eine Möglichkeit wegzubleiben.

Aber damals war das alles noch nicht so sehr ernst, und ich hatte das Gefühl, wer weiß, was in Deutschland wird und wie lange sich der ganze Unsinn hält. Und ich bin ja auch zurückgekommen. Aber '38/'39 war das nicht mehr so. Da wußte man, es ging auf einen Krieg zu. Das war ja auch einer meiner inneren Beweggründe, außer dem praktischen und sehr dringenden, daß ich aus der Rassenschande raus und heiraten wollte und ein normaler Bürger irgendwo sein wollte, wenn auch ein fremder.

Unmittelbar bedroht war ich nicht, denn hätte ich mich von meiner Freundin getrennt, wäre mir in Deutschland nicht das Geringste passiert, aber ich hätte Hitlers Krieg auf seiner Seite mitmachen müssen und wahrscheinlich schreibend, denn ich war weniger als Soldat denn als Schreiber brauchbar. Einen Krieg für Hitler mitkämpfen, wenn auch kaum mit der Waffe – ich war dreißig Jahre alt, hatte nie gedient –, aber mit der Feder – nein, das wollte ich nicht. Ich war noch nicht so weit, daß ich den Krieg mit der Feder auf der anderen Seite mitkämpfen würde, das kam später. Aber ich wollte nicht auf Hitlers Seite etwas damit zu tun haben. Das spielte innerlich auch eine Rolle.

Wie war Ihr Selbstverständnis als Emigrant? Sahen Sie sich als politischen Emigranten oder lehnen Sie diese Bezeichnung ab?

Politischer Emigrant im engeren Sinne, daß ich rausging, weil ich Sozialdemokrat, Kommunist oder auch Monarchist – es gab ja auch eine rechte politische Emigration – war, das stimmte nicht; insofern aber doch politisch, als ich wegen der politischen Entwicklung in Deutschland rausging. An sich hätte ich keinen Grund gehabt, aus Deutschland, wo ich es gut hatte, nicht verfolgt war, rauszugehen, aber ich war gegen diese ganze politische Entwicklung, besonders so wie sie sich seit 1938 abzeichnete, nämlich aggressiv, kriegerisch und auch innerlich sehr viel schlimmer. Der Antisemitismus war immer da, und es wurden von '33 an viele Gemeinheiten gegen die Juden begangen, aber die Judenverfolgung in dem Sinne, daß man ihnen ans Leben ging, das war erst seit '38.

Die Situation in Deutschland erschien Ihnen zu diesem Zeitpunkt also beängstigender und bedrohlicher als der Weg in die Fremde und in die Ungewißheit?

Ja. Die Entwicklungen in Deutschland waren beängstigend und bedrohlich, und ich wollte damit nichts zu tun haben. Natürlich hatte ich Besorgnisse und habe mir gedacht, was riskierst du jetzt – Familiengründung plus Auswanderung in ein fremdes Land plus Verzicht auf das Geld.

Andererseits machte ich mir gewisse Hoffnungen. England bot allerhand Möglichkeiten. Wir gingen ja nach Cambridge, teilweise, weil ein Bruder meiner Frau eine kleine Stellung bei einem Cambridger College hatte – er wurde später ein ganz erfolgreicher Professor. Vielleicht, dachte ich, kann ich auch so etwas Ähnliches da anknüpfen. Allerdings war es für ihn leichter, er war Mathematiker und ich Jurist. Die Mathematik ist etwas Internationales, aber die Juristerei ist im großen und ganzen ans Land gebunden. Gerade das englische Recht ist mir immer sehr fremdartig geblieben, weil es ja in seiner ganzen Grundlage ganz anders ist als das deutsche und jedes kontinentale. Auf dem Kontinent ist Recht und Gesetz praktisch dasselbe. Was nicht im Gesetz steht, in der Verfassung, auf dem Papier, das ist nicht geltendes Recht. In England entwickelt sich das Recht dauernd an den Fällen und jeweils vorhandenen ähnlichen Urteilen in ähnlichen Fällen. Es wird von den Gerichten immer an sich selbst weiterentwickelt. Das ist übrigens heute noch so. Das englische und amerikanische Recht ist ein ständig sich entwickelndes, lebendiges, nicht kodifiziertes Recht. Da hätte ich mich also völlig neu eindenken und eigentlich von vorn studieren müssen. Das war nichts, das sah ich von Anfang an, als Jurist konnte ich da nichts werden.

Cambridge war Ihre erste Station, wann gingen Sie nach London?

Wir hatten in Cambridge zunächst ein Häuschen gemietet. Als sich mein Gedanke, ich könnte an der Universität arbeiten, als unrealistisch erwies, verlegte ich mich im Laufe des Jahres '39 doch wieder aufs Schreiben. Was ich dann schrieb, war sehr aufs Persönliche gestellt. Ich will es nicht eine Autobiographie nennen – für die Autobiographien hatte ich schon damals keinen rechten Sinn. Ich schrieb, was ich persönlich gesehen und erlebt hatte, Gespräche, die ich geführt hatte. Ich beschrieb die Kreise, in denen ich mich bewegt hatte, und wie das Leben so war in Deutschland, nämlich keineswegs so, daß alle Deutschen Nazis waren, aber auch wieder nicht so, daß es den Nazismus im Alltag gewissermaßen kaum gab. Ich beschrieb es so, wie ich es erlebt hatte, daß man so ein bißchen daran vorbeileben konnte. Es war alles sehr an meinen persönlichen Erlebnissen aufgehängt, bei Ullstein, im Gericht. Ich beschrieb, was es Unangenehmes gab und was es überraschend Normales daneben auch noch gab. Dieser Text war mein erster Einfall.

Ich überlegte, was kannst du denn eigentlich schreiben. Und es fiel mir auch auf, daß man damit in England vielleicht ein Publikum finden konnte, denn das Verhältnis zu Deutschland mit dem in der Luft liegenden Krieg war ja da. In vielen Kreisen fragte man sich, was ist dieses Deutschland eigentlich, wir haben es doch gekannt. Sind die Deutschen jetzt verrückt geworden, sind sie wirklich alle verrückt geworden?

Ich möchte sagen, das ist auch heute in Deutschland noch kaum bekannt, daß das Leben, jedenfalls bis '38, in Deutschland noch sehr differenziert war, daß man durchaus, jedenfalls in Berlin und, wie ich höre, auch in anderen Großstädten, in Hamburg besonders, ein nicht beengtes Leben führen konnte, in Kreisen, in Gesellschaften, wo man nie einem Nazi begegnete. Andererseits wirkte der Nazismus natürlich auf alles wieder ein: Leute verloren ihre Jobs, Beamte wurden entlassen, es gab die Nürnberger Gesetze, das war schon ein Eingriff.

Es ist heute noch schwer nachzuvollziehen, dieses Leben in den sechs friedlichen Hitlerjahren, mit merkwürdigen Einschränkungen, aber keineswegs so, daß man in einem totalitären Staat war, wo man sich gar nicht mehr bewegen konnte, ohne »Heil Hitler« zu sagen. Das war natürlich auch regional verschieden. In kleinen Städten war es wahrscheinlich schwerer, unbehelligt zu leben, und auf dem Lande besonders. Man wußte genau, es gab in Deutschland Gegenden, die waren sehr stark nazi und andere nicht, und das wieder auf verschiedene Weise. In Berlin und, wie ich später merkte, auch in Hamburg gab es noch sehr stark den »Weimarer Geist«, den Geist der liberalen, halblinken, deutsch-jüdischen Kultur. Anderswo gab es auch eine Art von Anti-Nazismus, aber wieder ganz anders, das war auf den hinterpommerschen Rittergütern, wo man sich sagte, diese Rabauken, diese Proleten. Andere Gegenden waren sehr nazi, nach Süddeutschland hin wurde es zum Beispiel schlimmer.

Das Exposé zu diesen Erinnerungen war Ihr Entree bei Secker & Warburg?

Ja, wobei es Secker damals nicht mehr gab, der war nur noch als Titel mit vorhanden. Das Buch ist aber nie fertiggeworden. Ein Stück Manuskript liegt immer noch in einer Schreibtischschublade. Als der Krieg ausbrach, hatte ich das Gefühl, jetzt ist die Zeit zu ernst für diese persönlichen, feuilletonistisch empfundenen Erinnerungen. Ich nahm mir vor, systematischer zu schreiben.

Ich hatte ja inzwischen so ein Gefühl dafür, was die Engländer über innerdeutsche Dinge wissen und was nicht. Sie wußten sehr wenig. Es gab entweder die Meinung, alle Deutschen sind Nazis geworden, oder die Meinung, es gibt in Deutschland eine wunderbare Opposition, die demnächst die Macht übernehmen wird. Beides wurde verbreitet, beides fand ich falsch.

Ich versuchte, eine differenzierte, aber nun sachliche, ernst gemeinte Analyse der Massenstimmungen in Deutschland zu schreiben. Das wurde »Germany: Jekyll and Hyde«. Warburg ging auf meinen Vorschlag, dieses Buch zu schreiben, sehr gern ein und zahlte mir weiter meine zwei Pfund in der Woche. Das deutsche Manuskript ist übrigens verloren gegangen. Es wurde mir jetzt einige Mal angeboten, das Englische rückübersetzen zu lassen, aber das möchte ich nicht so gerne. Ich habe dieses Buch für die Engländer der damaligen Zeit geschrieben; für das heutige deutsche Publikum ist es nicht gedacht.

Das Buch entstand also im ersten Kriegswinter, während der Krieg sozusagen noch unreal war. Ich hatte großes Glück, denn ich wurde gerade damit fertig, als ich zum ersten Mal interniert wurde. Das war im Februar 1940. Die Engländer versuchten, mit den Emigranten sehr genau zu sein. Es gab sogenannte »tribunals«, Ein-Mann-Untersuchungstribunale, wo die einzelnen Emigranten ein bißchen abgeklopft wurden. Geprüft wurden die Gesinnung und die Lebensumstände, um zu sehen, ob die Leute irgendeiner Versuchung ausgesetzt waren, weil sie keine sichere Existenz hatten. Man darf sich das nicht wie ein deutsches Gerichtsverfahren vorstellen. Man wurde von diesem einen Mann verhört, befragt, und zwar nicht sehr gründlich. Es war meistens ein Rechtsanwalt, kein Richter – das ist in England ein sehr seltenes und hohes Amt –, aber doch meist jemand mit juristischer Vorbildung.

Mit mir konnte dieser Mann, der das Tribunal in Cambridge leitete, nichts anfangen. Er dachte wohl, das ist kein Jude, der war nicht verfolgt, hatte nun hier eine Jüdin geheiratet, das könnte aber auch ein Vorwand sein, vielleicht ist er doch ein deutscher Agent – gehen wir auf Nummer sicher und internieren ihn besser. So wurde ich im Februar 1940 zum ersten Mal interniert. Meine Frau wurde damals nicht interniert, sie war ja für Hitler Jüdin. Damit hatte sie in den Augen der Engländer einen Grund zu emigrieren. Außerdem war sie ja ordentlich verheiratet. Aber bei mir stellten sie sich die Frage, wer ist das eigentlich, was hat er in England zu suchen und wovon lebt er genaugenommen – zwei Pfund in der Woche waren ja eigentlich keine Lebensgrundlage.

Ich kam also in ein sehr komisches Lager, ins Lager Seaton, Devon. Das war eigentlich ein »holiday-camp« gewesen mit kleinen Hüttchen und einem großen Gebäude, wo man essen konnte. Es war sehr auf den Sommer eingerichtet. Nun war es ein ziemlich strenger Winter. Diese Hüttchen waren alle nicht heizbar, und insofern war es unkomfortabel. Wir wurden aber sehr ordentlich und anständig behandelt. Ich kann mich über meine beiden »internments« nicht beschweren. Es gab auch genug zu essen, und außerdem war man ja komischerweise die Sorgen los. Nun war es an den Engländern, für meine Familie zu sorgen. Ich konnte es ja aus der Internierung heraus nicht mehr.

Das Lager war ein wirklicher Querschnitt durch das damalige Deutschland. Es gab wirkliche Pro-Nazis, es gab auch große Anti-Nazis, eine ganze Menge Kommunisten – Rußland und Deutschland waren damals ja fast Verbündete, und Kommunisten waren damals sowieso nicht so angesehen in England und wurden sehr gerne interniert. Es gab auch ein »Kraft durch Freude«-Schiff, das vom Krieg irgendwo auf den Weltmeeren überrascht und interniert worden war, und auch das war wieder ein Querschnitt durch Deutschland. Das waren einmal ganz normale, unpolitische deutsche Arbeiter oder Kleinbürger. Aber natürlich war auf dem Schiff auch eine Gestapo-Zelle, die diese Leute zu beobachten gehabt hatte, und das waren nun wirkliche Nazis. Wir saßen also alle in diesem Lager, Häuschen an Häuschen. Ich war wieder fast ein bißchen in Deutschland, aber eben unter englischer Oberaufsicht.

In diesem Lager freundete ich mich sehr mit einem Sohn oder Stiefsohn von Siegfried Jacobsohn an, dem »Weltbühnen«-Mann. Es gab auch rechte Leute in diesem Lager, die auf ihre Art auch anti-nazi waren, aber die den Engländern als Deutschnationale verdächtig gewesen waren.

Mein Verleger Warburg holte mich aus diesem Lager raus. Er ging zum Home Office und sagte, dieser Mann hat ein hochinteressantes Buch geschrieben, was uns im Kriege sehr nützlich sein kann. Warum internieren Sie ihn, wir sollten ihn besser benutzen und anstellen, aber nicht einsperren. Damit hatte er Erfolg, und ich kam Mitte April schon wieder raus.

Er hat mir damit, ohne es zu wissen, das Leben gerettet, denn das Lager in Seaton, Devon, was ja wirklich teilweise Nazi-durchsetzt war, wurde im Juni nach Kanada evakuiert. Das Schiff, die Arandorra Star, wurde torpediert, und eine ganze Menge meiner Mithäftlinge sind dabei ertrunken, darunter einer, den ich sehr gern hatte, ein Junge namens Melchior, der Sohn eines deutschen Wirtschaftlers. Er kam nach England wie ich, ohne äußerlich nachweisbare Gründe. Er war kein Jude, kein Verfolgter, man fragte sich, was will so ein Mann hier, vielleicht ist er doch ein Agent, und so internierte man ihn. Er ist ertrunken.

Als ich entlassen wurde, war mein Buch noch nicht erschienen, wurde aber in Leseexemplaren ein bißchen herumgereicht, und plötzlich fing ich an, Ende April, Anfang Mai 1940 in politischen Kreisen, bei Abgeordneten und Journalisten ein bißchen bekannt zu werden, vorher war ich ein Niemand. Das war sehr schön, ich hatte einen kleinen Erfolg; das war also Anfang Mai 1940.

Am 10. Mai fing dann der Krieg im Westen richtig an, und am 12. Mai wurden alle Leute, die in einem gewissen Streifen von der Küste lebten, zu dem auch Cambridge gehörte, interniert, diesmal nun durch die Bank und ohne Tribunal. Das war an Pfingstsonntag. Ich wurde morgens abgeholt und auch wieder interniert, meine Familie erst einmal noch nicht, aber später dann auch sie. Ich kam in das Lager Douglas auf der Isle of Man.

Diese zweite Internierung war eine Masseninternierung; die erste dagegen, das waren wirklich allerhand ausgesuchte Leute. Ins zweite Lager wurden erst einmal alle so reingefegt. Es war zum Teil vielleicht sogar gut gemeint. Man rechnete damals durchaus mit der Möglichkeit einer deutschen Invasion, und wer in Küstennähe wohnte, wäre wahrscheinlich schon bald wieder in deutsche Hände gefallen. Auf der Isle of Man war man zumindest ein Stück weiter westlich.

Das Unangenehme an der zweiten Internierung war, daß für diese Massen nicht vorgesorgt war. Man hatte die Lager nicht richtig eingerichtet, man hatte keine Verwaltung, es gab keine regelmäßige Nahrungsmittelzufuhr. Man hatte es schwer, nicht weil die Engländer es böse mit einem meinten, sondern weil nichts klappte. Die ersten Wochen waren sehr unbequem, später regulierte sich das alles, und eigentlich war es nachher ganz idyllisch auf der Isle of Man, inzwischen war es auch Sommer.

Warburg hat mich wieder gleich rausgeholt, inzwischen war mein Buch erschienen, und zwar am Tage, als Paris fiel. Es hatte ein gewisses Echo. Es gab Anfragen im Parlament. In dieser Lage, wo anderes eigentlich dringender war, gab es in England sehr viele Politiker, die sagten, was begehen wir für ein Unrecht, die »refugees« einzusperren, das sind doch von Hitler Verfolgte. Mein Fall kam ihnen ganz gelegen: Da ist ein Mann, der hatte gerade ein Buch geschrieben, ein wichtiges Buch, wonach wir vielleicht unsere Propaganda ein bißchen einrichten können, und diesen Mann sperren wir ein. So wurde ich als einer der ersten wieder rausgelassen, um diesen Parlamentariern sozusagen das Maul zu stopfen.

Genau am Tag meiner Entlassung fand der erste Luftangriff auf London statt. Ich kam also in London in den Bombenkrieg hinein, der mir aber nicht so viel ausmachte. Bombenangst hatte ich nicht so sehr. Pro Bombennacht starben ungefähr vierhundert Leute aus einer Bevölkerung von ungefähr acht Millionen. Die Chance zu überleben war somit ziemlich groß. Auch die Londoner nahmen das alles mit einem gewissen Phlegma, ohne Pathos, wozu allerdings auch eine ganze Menge Tapferkeit gehört.

Haben sich in den beiden Lagern kulturelle Aktivitäten entfaltet?

Es gab durchaus kulturelle Aktivitäten, eigentlich waren das mehr Unterhaltungsaktivitäten, teilweise etwas höherer Art. Es gab Leute, die sehr gut Klavier spielten, und sie gaben ab und zu einen Klavierabend. In Seaton war ich ja nicht sehr lange, und das Publikum dort war auch zu disparat, es eignete sich nicht dafür. Aber auf der Isle of Man gab es später richtige kleine Lager-Universitäten. Aber das habe ich nicht mehr richtig mitbekommen, ich war ja beide Male nur sehr kurz interniert, jedesmal etwa zwei Monate. Bis dies alles richtig in Gang kam, war ich bereits wieder entlassen.

Ist Ihre Internierung für Sie nachvollziehbar oder ist sie Produkt einer sehr fehlerhaften, unzulässigen Verfahrensweise?

Nachvollziehbar schon, was meine erste Internierung betrifft. Die Engländer hatten eben gewisse Kategorien. Sie wußten ja nicht sehr viel über die innerdeutschen Verhältnisse. Wer als Jude rausging, war ein »refugee«, ein Verfolgter – das war verständlich; ebenso, wenn jemand als Politiker rausging, als eingeschriebener SPD-Mann oder als Kommunist, wobei die Kommunisten am Anfang einem Sonderverdacht unterlagen. Aber wer rausging, wenn er ebensogut hätte dableiben können, bei dem fragte man sich, was will er hier.

Ihr Buch »Germany: Jekyll and Hyde« war ein Versuch, die Engländer über die Deutschen aufzuklären. Dem Nationalcharakter der Deutschen schrieben Sie in bezug auf Politik eine Tendenz zum Barbarischen zu, Politik sei für die Deutschen die Sphäre der Skrupellosigkeit.

Ja, so sahen die Deutschen die internationale Politik an, und das eigentlich schon seit der Reichsgründung. »Die großen Fragen der Zeit werden nicht durch Parlamentsbeschlüsse entschieden, sondern durch Eisen und Blut«, und das galt ein für allemal. So sehe ich es auch heute noch rückblickend. Es gibt eine Kontinuität.

In meinem letzten Buch diskutiere ich auch die Frage, war das Dritte Reich nun etwas wirklich ganz Neues und anderes oder überwog doch die Kontinuität. Ich komme zu dem Ergebnis, daß die Kontinuität überwog. Es gab neue Züge und Übertreibungen, die es vorher in dem Maße nicht gegeben hatte, aber es lag in der Entwicklung.

Teilweise war »Germany: Jekyll and Hyde« ein prophetisches Buch in den Ratschlägen, die ich den Engländern gab. Denn ich schlage die Föderalisierung vor, oder noch mehr als die Föderalisierung, die Schaffung der Länder der späteren Bundesrepublik, allerdings ließ ich die Bundesrepublik sozusagen aus. Man sollte die deutschen Länder schaffen und eine Art vereintes Europa darüber und nichts dazwischen. Damals war ich noch der Meinung, die Engländer würden den Krieg gewinnen; daß sie zum Schluß sehr wenig mitzureden haben würden, war mir nicht klar.

Die Idee einer Föderation taucht in der englischen Nachkriegsplanung für Deutschland immer wieder auf. In der Literatur werden Sie als Urheber dieses Gedankens genannt.

Ob dieser Gedanke wirklich deswegen, weil ich dies geschrieben hatte, immer wieder auftaucht, das weiß ich nicht, das hieße meinen Einfluß überschätzen. Wahr ist, daß in der deutschsprachigen Literatur der ersten Kriegszeit meist dieser Gedanke keine große Rolle spielt, denn die anti-hitlerischen Deutschen in England waren überwiegend Sozialdemokraten oder Kommunisten oder eine Art Monarchisten.

In meinem letzten Buch bin ich wieder darauf zurückgekommen. Die wirklich richtige und im Grunde genommen gute Entwicklung, die es in der Nachkriegszeit gegeben hat, ist die, daß es das Deutsche Reich als solches nicht mehr gibt, wobei ich weniger an die beiden deutschen

Staaten denke, natürlich auch daran, sondern an die vielen Länder der Bundesrepublik, die ich nach wie vor für eine Realität halte, die sich sogar mehr und mehr entwickelt. Bei den neuen Ländern war man skeptisch und dachte, was wird wohl daraus, das sind Kunstschöpfungen und Besatzungsgeschöpfe. Aber es ist etwas daraus geworden. Nordrhein-Westfalen ist wirklich schon wieder eine Realität für sich, mit einer Art Eigenbewußtsein, mit eigener Politik. Auch Niedersachsen und Schleswig-Holstein sind regionale Entitäten mit eigenem Bewußtsein. Das halte ich für sehr viel besser als dieses übertriebene deutsche Nationalbewußtsein der Reichszeit, was ja Hitler seine Handhabe gab.

Schon der deutsche Nationalismus, in den ich im Ersten Weltkrieg als Kind hineinwuchs, hatte etwas übertrieben Hysterisches und Gefährliches – Deutschland, Deutschland über alles! Damit war ja nicht einmal immer gemeint, Deutschland solle über alle herrschen, sondern Deutschland soll uns über alles gehen. Aber auch wenn man es so auslegt, dann heißt das: Nationalismus als höchste Religion; etwas sehr Krankhaftes. Das war eine Art Entartung. Ich habe irgendwann geschrieben, seit 1918 sind die Deutschen ein politisch gemütskrankes Volk, und das waren sie auch bis 1945. Also nicht erst unter Hitler, denn auch schon die Weimarer Republik hatte eine politisch ungeheuer hysterische Atmosphäre. Dieser furchtbare Nationalismus und dieses »Wir sind unschuldig am Krieg, und wir haben ihn eigentlich gewonnen«, das war grauenvoll.

Wie würden Sie den Titel des Buches »Germany: Jekyll and Hyde« erklären?

Der Titel spielt auf die Zweigesichtigkeit der Deutschen an. Es gibt ja diese Geschichte von Stevenson, von Dr. Jekyll, der am Tage ein ordentlicher Bürger ist und abends als Mr. Hyde ein Verbrecher wird. Die Deutschen sind an sich ein großes Kulturvolk mit einer einzigartigen Musik und einer sehr respektablen Literatur und einiger bildender Kunst, und dann sind sie aber auch solcher Dinge fähig wie des Holocaust. Als ein Argument für den Föderalismus habe ich in dem Buch angeführt, daß sie als Bewohner einzelner kleiner, allenfalls mittlerer Staaten sehr umgänglich und anständig sind, aber als Bewohner einer Großmacht werden sie unangenehm.

Bei Hans-Ulrich Wehler, der diese dicke deutsche Gesellschaftsgeschichte verfaßt hat, fand ich darin übrigens nachträglich sehr viel Unterstützung, wobei er mein Buch sicher nicht kennt. Er sagt, die Gründung des Reichs hat den deutschen politischen Charakter verdorben. Als Träger einer Großmacht waren die Deutschen unerträglich; als das, was sie vorher waren, als Staatenbund kleiner, mittlerer Staaten, waren es ganz nette Leute. Als Großmacht hatten sie jedoch ein gewisses Maß verloren. So wie die Deutschen hat sich keine andere europäische Großmacht verhalten. Sie haben den Ersten und den Zweiten Weltkrieg verursacht.

Der Titel »Germany: Jekyll and Hyde« stammt übrigens von Warburg. Ich hatte den Text »Germany – A Survey« genannt, aber das war ihm zu trocken. Die von mir erfundenen Titel gelten immer als zu trocken, und dafür werden sie manchmal ein bißchen übertrieben umformuliert.

»Der Teufelspakt« oder »Die sieben Todsünden des Deutschen Reiches im Ersten Weltkrieg«, das sind natürlich schreiende Zeitschriftentitel, die aber nicht von mir stammen.

Wie erklären Sie sich den Erfolg von »Germany: Jekyll and Hyde«? Gab es etwas Vergleichbares zur damaligen Zeit in England?

In interessierten Kreisen fand ich ein gewisses Interesse, das Buch wurde zu einer Art Visitenkarte, aber es war natürlich nie ein Massenerfolg. Es gab auch Vergleichbares, zum Beispiel ein Buch von Heinrich Fraenkel, »The German People versus Hitler« [1940], aber dessen These war, wie man schon am Titel sieht, genau das Gegenteil zu meiner. Er schrieb, Hitler unterdrückt das ganze gute deutsche Volk. Das ist auch wahr, was seine Gegner betrifft. Aber nicht das ganze deutsche Volk war gegen Hitler, es war mehrheitlich die meiste Zeit für Hitler, gerade auch 1938. Den Anschluß Österreichs wünschten alle, manche wollten ihn unter anderen Vorzeichen, aber schon die Stimmung in Weimar war absolut großdeutsch gewesen. Hitler selbst hätte in Deutschland niemals diese Karriere machen können, hätte man dieses Gefühl nicht gehabt, Österreicher sind ja wirklich Deutsche.

Später habe ich hier mein »Hitler«-Buch geschrieben, das durchaus sehr pro-deutsch ist mit dem Tenor, man kann es verstehen, daß ihr damals diesen Versuchungen erlegen seid. In diesem Buch sage ich aber, es gab durchaus Zeiten, wo achtzig bis neunzig Prozent aller Deutschen für Hitler waren.

In »Offensive Against Germany« schrieben Sie, daß deutsche Oppositionelle durch Propaganda ermutigt werden sollten, damit eine Art passive Resistenz entstehen kann.

Ich schrieb dieses Buch Anfang '41, also nach dem Fall von Frankreich, wo ja die ganze Stimmung sich sehr geändert hatte. Als ich »Germany: Jekyll and Hyde« schrieb – das war im ersten Kriegswinter während des sogenannten »phoney war« –, glaubte man, daß England und Frankreich natürlich den Krieg gewinnen würden, wenn auch langsam. Im zweiten Winter hoffte man eher, na, hoffentlich kommen die Deutschen nicht und gewinnen den Krieg. Ich nannte dieses zweite Buch »Offensive Against Germany« und sagte, die einzige »offensive«, die man jetzt noch vornehmen kann, ist moralischer Art. Man muß versuchen, denjenigen, die sich in Deutschland nicht für den Nationalsozialismus begeistern, eine Art positives Ziel zu geben. Ich unterstrich nochmals die Idee eines »United Europe«.

»Offensive Against Germany« ist eigentlich ein schwächeres Buch, es war auch schneller geschrieben und mehr ad hoc. Ein bißchen Opportunismus ist dabei, und außerdem hat ein Lektor bei Warburg zu sehr darin rumgeändert. Das Buch verteidige ich nicht mehr besonders. »Germany: Jekyll and Hyde« hingegen sehe ich als authentisches Zeugnis meiner selbst, wie ich damals war und wie ich dachte.

»Offensive Against Germany« erschien in einer Reihe, die George Orwell mit herausgegeben hat. Hatten sie persönlichen Kontakt zu ihm?

Er war zwar Mitherausgeber, aber eigentlich kümmerte sich Fywell, ein jüdisch-englischer Literat, darum, und Orwell gab seinen Namen dazu. Er hatte das erste Buch dieser Reihe geschrieben, als zweites erschien mein Buch, und wie weit die Reihe dann gediehen ist, weiß ich gar nicht.

Ich hatte Orwell damals natürlich kennengelernt und habe ihn den ganzen Krieg über gekannt. Später war er auch Mitarbeiter des »Observer«. Ich kannte ihn also recht gut, aber ich muß leider sagen, weder waren wir besonders gute Freunde, noch habe ich damals je geahnt, daß Orwell so eine Jahrhundertfigur werden würde. Als die »Animal Farm« 1944 erschien, hätte ich ihm so ein gutes Buch gar nicht zugetraut. Als Mensch empfand ich ihn eigentlich als »cantankerous«, als geborenen Nörgler. Er fand immer an allem etwas auszusetzen, selbst sein Patriotismus war mit vielen Ressentiments durchsetzt.

Sie initiierten die Gründung der »Zeitung«. Wie verlief die Gründungsgeschichte?

Ich habe sie nicht mitgegründet, sondern ich wurde von dem Gründer Hans Lothar, der übrigens später aus privaten Gründen Selbstmord begangen hat, angestellt. Er war auch ein Mitarbeiter von Secker & Warburg, und er hatte sich mein erstes Buch, vielleicht auch mein zweites, angeschaut. Es ist ihm wohl aufgefallen, und er dachte sich, das ist ein neuer, unverbrauchter Name, ein Mann mit einem gewissen politischen Sinn, offenbar ganz intelligent auf seine Art. Er engagierte mich als »political editor«. Ich schrieb Leitartikel.

In der Literatur wird jedoch immer wieder darauf verwiesen, daß Sie selbst die Idee zur Gründung der »Zeitung« hatten, beziehungsweise diese Idee Hans Lothar im Internierungscamp vorgeschlagen haben. Er soll diesen Vorschlag daraufhin dem Informationsministerium unterbreitet haben.

Das stimmt alles nicht. Ich habe Lothar im »internment camp« gar nicht kennengelernt, und er hatte diese Idee ganz allein. Ich hatte jedoch eine andere Idee, die noch viel größenwahnsinniger war: Es gab ja viele nationale Komitees in London im Kriege. Es gab ein österreichisches, ein schon etwas höher veranschlagtes tschechisches Komitee, und es gab natürlich die Exilpolen, die eine richtige Exilregierung hatten, und es gab die freien Franzosen, die keine richtige Regierung hatten, aber eine kleine Armee stellten.

Ich dachte, warum könnte man nicht auch so etwas Ähnliches unter deutschen Emigranten gründen. Erst einmal bestand jedoch die große Masse der Emigranten aus Leuten, die mit Deutschland nichts mehr zu schaffen haben wollten. Das waren jüdische Flüchtlinge, die nun den Staub von ihren Füßen schüttelten und nichts anderes wollten, als Engländer zu werden oder auch weiterzuwandern und Amerikaner zu werden. Sie dachten nicht daran, irgend etwas als Exildeutsche zu vertreten, was man ihnen auch gar nicht übelnehmen kann. Was ich in bezug auf die politischen Emigranten völlig unterschätzte, war die Zersplitterung. Es waren teilweise Kommunisten, teilweise Sozialdemokraten – die haßten sich wie Brüder –, teilweise waren es auch rechte Deutsche, die mit beiden nichts zu tun haben wollten.

Als die »Zeitung« gegründet wurde, hatte ich noch das Gefühl, vielleicht kann man um dieses Blättchen so eine Art allumfassendes, innenpolitisch mehr oder weniger neutrales, aber für irgendeine Mitwirkung der Deutschen in der Nachkriegszeit sich bereithaltendes deutsches Exilkomitee ins Leben rufen, nicht unbedingt eine Exilregierung. Ich hatte die Hoffnung, daß die »Zeitung« zu einem kleinen Brennpunkt werden würde, um den sich alle möglichen politischen, aber nicht parteigebundenen Emigranten zu einem deutschen Komitee in London sammeln würden. Das war jedoch völlig aussichtslos. Es war eine größenwahnsinnige Idee, von der ich dann auch bald abgekommen bin. Daß ich diese Idee überhaupt hatte, spricht nicht unbedingt für mein damaliges politisches Urteil. Die einzigen, die gleich darauf ansprangen und die versuchten, sich sofort in der »Zeitung« einzunisten, waren die Kommunisten, denn sie wollten sich in alles einnisten. Die Sozialdemokraten waren strikt dagegen, von ihnen habe ich damals sehr böse Worte gehört, sie nannten mich »politischen Hochstapler«, vielleicht war sogar etwas dran.

Die Differenzen zwischen den einzelnen Emigrantengruppen waren also zu groß, als daß die »Zeitung« zu einer Art Sammlung hätte führen können?

Ja, wobei es nicht einmal Gruppen waren. Gut, es gab die SPD, und es gab eine Art kleine KPD, die anderen Leute waren eigentlich fast alle Individuen, Rauschning natürlich und noch andere auf der Rechten. Daß ich meine Hoffnungen sehr schnell aufgeben mußte, bedeutete auch, daß ich nach und nach das Interesse an der »Zeitung« verlor.

Außerdem kamen wir alle im Laufe des Krieges – das war wohl auch der Sog der Situation – davon ab, irgendwelche deutschen Zukünfte zu vertreten. Zunächst hoffte man, daß die Engländer überhaupt durchkommen und überleben, und dann hatte man die Hoffnung, daß sie sozusagen beim Sieg dabeisein würden, die nur sehr schwach erfüllt wurde. Sie waren dabei, aber doch als die schwächste der drei Siegermächte und ohne daß sie ihre Ideen groß verwirklichen konnten.

Da Sie die Gründung der »Zeitung« nicht initiierten, läßt sich also auch keine Verbindungslinie zu Ihren beiden Büchern und den darin geäußerten Zielen ziehen?

Das wird übertrieben dargestellt. Natürlich besteht insofern eine gewisse Verbindung, als Lothar ohne die beiden Bücher nicht auf mich verfallen wäre, ich war ja kein Name in England. Erst durch die beiden Bücher wurde ich ein kleiner Name.

Lothar schwebte so etwas vor wie eine kleine »Frankfurter Zeitung« unter den Emigranten, ein vornehmes, liberales Blatt, was von jedem gelesen werden konnte, möglichst parteipolitisch ganz ungebunden. Aber das war viel zu hoch gegriffen, so weit reichten unsere Talente nicht.

Wie beurteilen Sie die »Zeitung« im Rückblick?

In der ganzen Zeit, in der ich dort arbeitete, habe ich nie so richtig gewußt, was dieses Blatt sollte, wofür es eigentlich da war. Gewiß, es sollte die Moral der Emigranten heben und sagen, England ist noch nicht verloren. Aber darauf kam es ja auch nicht in erster Linie an, denn die Moral der Emigranten war es ja nicht, was England durchziehen mußte.

Ich habe dann einfach mitgearbeitet, teilweise auch, weil es der erste echte Job war. Es war das erste Mal, daß ich ein immer noch sehr bescheidenes, aber knapp auskömmliches Einkommen hatte. Vorher hatte ich ja nur die zwei Pfund von Warburg, mußte mich bei Verwandten durchpumpen und bei Geschäften Rechnungen schuldig bleiben, was in England sehr leicht war. Hier muß man, wenn man nicht gleich bar bezahlt im Laden, anschreiben lassen, was immer peinlich ist. Das gab es in England nicht, man bezahlte natürlich nicht. Irgendwann kam dann eine Rechnung, und diese Rechnung blieb ich leider oft schuldig. Später, als ich dann Geld verdiente, habe ich alles so gut ich konnte bezahlt. Es gibt aber, glaube ich, auch heute noch ein Geschäft in Cambridge, eine Art kleines Warenhaus, dem ich noch 14 Pfund schulde, bis zum heutigen Tag. Das bedrückt mich manchmal.

Im Rückblick muß ich sagen, war die »Zeitung« für mich eine Enttäuschung. Ich hatte gedacht, daß es ein politisch wirksames Organ werden würde, daß sich eine Art liberale politische Emigrantenelite darum herumgruppieren lassen würde, aber davon war keine Rede, von Anfang an nicht.

Heißt dies, daß die »Zeitung« in den Emigrantenkreisen einfach zu wenig Aufmerksamkeit gefunden hat?

Nein, sie wurde schon von den deutschsprechenden Leuten in London gelesen. Aber was heißt Emigranten? Die meisten waren wirklich »refugees« und nicht Emigranten, die meisten waren vertriebene Juden, die mit Deutschland und mit Politik möglichst wenig zu tun haben wollten und versuchten, sich eine Art Existenz aufzubauen. Jedenfalls wollten sie mit großer Politik nichts zu tun haben. Und die, die es wollten, waren völlig zerstritten, jeder hatte eine Meinung für sich.

Es gab auch sehr viele Anfeindungen gegen die »Zeitung«, speziell auch gegen Ihre eigene Person.

Von den Sozialisten, aber von den Kommunisten nicht. Die kamen und wollten rein. Ich wäre vielleicht damals sogar noch in Versuchung zu führen gewesen, aber einige andere Redaktionsmitglieder sagten: »Nein, wenn du den Kommunisten den kleinen Finger gibst, nehmen sie beide Hände, und wir sind plötzlich ein kommunistisches Blatt.« Daraus wurde also nichts.

Die Sozialdemokraten waren gegen mich. Die altgestandenen Leute, wie Ollenhauer, sagten, was will denn dieser junge Mensch, warum ist er eigentlich emigriert und was will er hier. Ich dachte mir, von ihrem Standpunkt aus haben sie ein bißchen Recht. Ich bin ja kein erklärter deutscher Politiker, ich gehöre zu keiner Partei, habe keine festen innenpolitischen Ziele, nicht einmal richtig außenpolitische Ziele. Ich will nur, daß Hitler möglichst nicht den Krieg gewinnt, im Gegenteil, daß er als Ergebnis des Krieges verschwindet. Darüber hinaus hatte ich keine festen politischen Ansichten. Sie nannten mich »politischen Hochstapler«, »politischen Dilettanten« – das waren unfreundliche Ausdrücke für eine Art Teilwahrheit. Ich habe ja Politik eigentlich erst in England gelernt. Gut, vorher war ich gegen Hitler, aber ich hatte keinen aktiven politischen Impetus in Deutschland gehabt, außer den gegen Hitler. Daß Politik eine interessante und sehr differenzierte Sache ist, habe ich erst in England, hauptsächlich erst im »Observer« gelernt.

Die Vorwürfe gegen Sie gipfelten darin, daß man über Sie sagte, Sie hätten vor Ihrer Emigration in Nazi-Blättern geschrieben.

Das ist mir in diesem Sinne gar nicht zugetragen worden. Ich habe auch nicht in Nazi-Blättern geschrieben. Gut, alles was in Deutschland erschien, konnte man sagen, war irgendwo auch eine Art Nazi-Blatt, aber im »Völkischen Beobachter«, im »Angriff« oder im »Stürmer« habe ich nie geschrieben, sondern nur in diesen harmlose Revuen – »Dame«, »Koralle«, »Neue Modenwelt« – im dritten Stock Ullstein.

Die »Zeitung« wurde vom britischen Informationsministerium finanziert. Welches Interesse verband das Informationsministerium damit?

Das weiß ich heute noch nicht so genau. Einerseits wollte man vielleicht die Moral der Emigranten und der »refugees« erhalten, andererseits wollte man vielleicht bei den deutschen »communities« im damals noch neutralen Südamerika möglicherweise etwas Antinazistisches unterbringen. Etwas anderes kann ich mir nicht vorstellen, denn das, was mir vorschwebte, eine Art deutsches Komitee, gruppiert um die »Zeitung«, das hat ihnen bestimmt nie vorgeschwebt, was ich ihnen auch nicht übelnehmen kann.

Die Engländer wollten sich – mit gutem Recht – in bezug auf Deutschland nicht vorzeitig auf irgendeine bestimmte Nachkriegslinie festlegen. Sie wußten noch nicht, was aus Deutschland wird, und sie mußten auch an die Russen und die Amerikaner denken. Dadurch, daß sie ein tschechisches und ein österreichisches Komitee überhaupt existieren ließen – Mitspracherecht hatten diese nicht –, gaben sie zu erkennen, daß sie nach dem Krieg ein selbständiges Österreich und eine wiederhergestellte Tschechoslowakei haben wollten. Was sie mit Deutschland vorhatten, das wollten sie sich vorbehalten. Ein deutsches Komitee wollten sie nicht haben; was aus Deutschland werden sollte, wollten sie selbst entscheiden, jedenfalls mitentscheiden. Sie wußten auch noch nicht, was sie vorhatten. Meine Idee – Föderalisierung oder Aufteilung innerhalb einer europäischen Föderation – hat sicher in der innerenglischen Diskussion auch eine Rolle gespielt, nicht weil es meine Idee war, so arrogant bin ich nicht, das zu glauben. So wie es dann gekommen ist, mit den zwei Staaten, die gegeneinander in den beiden großen Bündnissen organisiert sind, das hat, glaube ich, damals keiner gewollt.

Inwieweit hat das Informationsministerium versucht, Einfluß auf die »Zeitung« zu nehmen?

Dies wurde durchaus versucht. Wir hatten von Anfang an so eine Art Aufpasser. Er kam zu jeder Redaktionskonferenz. Es war ein netter, höflicher Mann. Er mischte sich nicht dauernd in alles ein und ließ auch gern möglichst viel durchgehen, aber bei gewissen Sachen sagte er, das wollen wir lieber nicht machen. Es waren Grenzen gesetzt.

Beim Tode Wilhelms II. im Sommer 1941 – damals war ich noch bei der »Zeitung« – schrieb ich einen Leitartikel und sagte, es sei eigentlich sehr schade um die deutsche Monarchie. Wenn wir sie gehabt hätten, wäre uns vielleicht Hitler erspart geblieben. Das wollte er nicht im Blatt sehen. Das war zu monarchistisch und wurde dann auch nicht gedruckt. Ich erinnere mich noch daran, weil ich dachte, das war ein sehr origineller und gut geschriebener Leitartikel, und es tat mir leid um ihn.

Kurt Hiller erwähnt in seinen Memoiren einen ähnlichen Fall von Zensur.

Das war eine vorübergehende und eigentlich traurige Geschichte. Hiller war kein dummer Mann, aber er war ein furchtbarer Querulant. Er wollte seine Weltanschauung, die geistesaristokratisch, antidemokratisch, ein bißchen platonisch war – die Könige sollen Philosophen sein und die Philosophen Könige –, als Grundlage der Politik der »Zeitung« unterbringen. Er schrieb eine Folge von drei Artikeln. Die beiden ersten waren noch so, daß man sie drucken konnte und daß sie auch bei unserem Aufpasser durchgingen; sie waren sehr abstrakt. Beim dritten

Artikel wollte er nun wirklich sagen, wie es weitergehen soll, mit ihm möglichst als Präsidenten des neuen Deutschland. Dieser scheiterte an unserem Aufpasser. Das nahm Hiller aber nie hin. Er bestand darauf, daß wir auch den dritten bringen, und wenn wir ihn schon nicht bringen können, dann sollten wir ihn wenigstens bezahlen. Das haben wir dann getan, das war eine sehr unangenehme Sitzung, und wir haben nachher einander gemieden.

Erinnern Sie sich noch an andere Fälle der Zensur?

Es gab immer mal wieder Fälle. Es gab einen Mann, der Ernst Johannsen hieß (der Vorname kann auch anders gewesen sein). Er hatte in den zwanziger Jahren ein erfolgreiches Kriegsbuch geschrieben im Gefolge von Remarque und Renn. Ich wußte gar nicht, daß er Emigrant geworden war. Er konnte ganz gut schreiben und war rein arisch, was fast eine Seltenheit war. Ihn habe ich ein bißchen rangezogen. Er schrieb dann aber sehr stark persönlich gefärbt. Bei ihm hat auch unser Mr. Hare irgend etwas verhindert.

Ich kann nicht zu viele Fälle nennen, aber der Einfluß war da, es waren Grenzen gesetzt. Mr. Hare war da, und die Sachen mußten ihm vorgelegt werden; meist gingen sie durch, aber andererseits hatte man so ein Gefühl dafür, was nicht durchgehen würde, und das schrieb man gar nicht erst. Es war keine aufdringliche Zensur, obwohl der Mann immer da war.

Was mich eher vertrieb als dieser Umstand, war eine gewisse Eifersucht von Lothar, der meine Tätigkeiten außerhalb der »Zeitung«, unter denen auch die beginnenden gelegentlichen für den »Observer« waren, unterbinden wollte, und das wollte ich nicht. Da ich bei der »Zeitung« so und so nicht ganz glücklich war, wollte ich meine außerhäusliche Freiheit nicht auch noch beschränkt wissen.

Hinzu kam, daß die »Zeitung« als Tageszeitung nur ein dreiviertel Jahr lang erschien, von März bis Ende 1941. Dann wurde sie in eine Wochenzeitung verwandelt. Danach hatte ich das Gefühl, dafür war die Redaktion zu groß, sie können gut mit einem weniger auskommen. Da ich mich so und so in der englischen Presse umtat – nicht nur beim »Observer«, auch beim »Evening Standard« und der »Picture Post« –, dachte ich, ich will mir das nicht alles abschneiden lassen für dieses Blättchen. Ich wußte noch nicht, wo ich dann arbeiten würde. Es hätte auch die »Picture Post« sein können, aber der »Observer« war das Reizvollste und Hochkarätigste, was mir angeboten wurde. Meine Zeit beim »Observer« wurde dann auch ein viel größeres Kapitel in meinem Leben als meine Zeit bei der »Zeitung«.

In der letzten Nummer der »Zeitung« bestreitet Reichenheim, daß die »Zeitung« ein Emigrantenblatt war. Tatsache ist, daß die »Zeitung« hauptsächlich von Emigranten gemacht wurde und vor allem von Emigranten gelesen wurde. Wie ist das zu erklären?

Das weiß ich nicht. Nachdem ich die »Zeitung« verlassen hatte, habe ich sie nicht mehr weiter verfolgt. Reichenheim war ein netter Mann, er ist leider früh gestorben. Er war selbst ein Emigrant, ein vertriebener Jude, mit ein bißchen Sinn für Politik, aber ohne feste politische Absichten. Ich weiß nicht, was er damit gemeint hat.

Hatten Sie nach Ihrem Weggang von der »Zeitung« noch Kontakt zu Redaktionsmitgliedern?

Ich hatte meine Verwandten und Verschwägerten. Mit einem oder zwei Leuten aus der »Zeitung« hatte ich mich persönlich angefreundet. Zu ihnen hielt ich nachher persönlichen Kontakt, aber das war nichts Politisches. Es gab einen Mann namens Milch. Das war ein sehr deutschnationaler Jude, aber keineswegs jüdisch geprägt, sondern sehr deutschland- und vor allem schlesienliebend. Er war aus Schlesien. Er schrieb in der »Zeitung«, allerdings nicht unter dem Namen Milch, der sehr verrufen war. Ein halber Onkel von ihm war ja so eine Art deutscher Feldmarschall. Er kehrte sofort nach '45 oder sogar noch im Jahre '45 in das hungernde Deutschland zurück und bekam hier sehr schnell eine Professur. Er ist aber dann sehr früh gestorben. Mit ihm stand ich gut. Das war ein rührender Mann, gerade auch in seinem schlesischen Patriotismus.

Wie würden Sie die politische Linie der »Zeitung« charakterisieren? Es heißt, daß in der Redaktion ein bürgerlich-konservatives Monopol vorherrschte.

Bürgerlich ja, konservativ würde ich nicht sagen. Es waren alle bürgerlichen Schattierungen vertreten. Ich würde eher sagen, die »Zeitung« war bürgerlich liberal, wobei ja liberal auch so fast alles umfassen kann. Jedenfalls war sie nicht sozialistisch, auch nicht streng militaristisch-reaktionär (20. Juli). Sie war irgendwas dazwischen.

In der Literatur heißt es, daß Ihr Weggang von der »Zeitung« politisch motiviert war. Sie haben jedoch jetzt eher persönliche Gründe genannt.

Politisch höchstens insofern, als ich nicht recht – und je länger desto weniger – einsah, wozu die »Zeitung« eigentlich da war und was sie sollte. Es gab aber keinen politischen Grund in dem Sinn, daß ich etwas abgelehnt hätte, was in der »Zeitung« stand. Politische Gründe gab es höchstens, weil ich die Chance sah, in der englischen Presse als Engländer maskiert auf die englische Politik einzuwirken, und das war für mich politisch viel interessanter als die »Zeitung«, bei der ich gar nicht wußte, für wen wird sie geschrieben, auf wen soll ich da eigentlich einwirken.

Wie stellte sich der Kontakt zum »Observer« ein?

Im Winter 1941/42 wurden die Astors, namentlich David Astor, auf mich aufmerksam, teils durch die Bücher, teils durch die »Zeitung«, die sie allerdings kaum lasen, da sie ja in Deutsch erschien. Aber es sprach sich dann doch einiges herum.

Zu der Zeit brach im »Observer« eine Führungskrise aus, da sich der langjährige, sehr mächtige Chefredakteur Garvin mit der Eigentümerfamilie verzankte oder jedenfalls auseinanderlebte – Garvin ging dann weg. David Astor sollte die Zeitung sozusagen mit der linken Hand übernehmen und suchte Leute. Er sagte damals – und dies ist ein Ausspruch, den ich mir sehr gut gemerkt habe –, die normalen englischen Journalisten, soweit sie was können, sind alle im Kriegsdienst, nicht unbedingt an der Front, aber in irgendwelchen Hauptquartieren. Sie stehen nicht zur Verfügung. Was wir haben, sind alte Leute, Frauen und Ausländer. Er hielt sich an die Ausländer.

Mitte 1942 verließ ich also die »Zeitung« und wurde daraufhin vom »Observer« engagiert, wo ich schon vorher gelegentlich ein bißchen mitgeschrieben hatte. Daß mir dort eine Stellung eingeräumt wurde, in einem der angesehensten englischen Blätter, das empfand ich wirklich als Himmelsgeschenk. Von dort aus die englische Politik zu beeinflussen, das hatte ich mir ja nie träumen lassen. Ich dachte mir, nun mußt du wirklich zeigen, was du kannst und daß du Englisch schreiben kannst. Das habe ich in Selbstsuggestion in einigen Wochen gelernt, das heißt, ich habe mich innerlich bei jedem Satz, noch bevor ich ihn niederschrieb, gefragt, würde es ein Engländer genauso ausdrücken, klingt das richtig. Wenn es etwas gibt in meinem Leben, worauf ich mir etwas einbilde, dann ist es die Art, wie ich in ein paar Wochen lernte, wirkliches, journalistisches Englisch zu schreiben.

Beim »Observer« gab es aber nicht nur Deutsche, es gab zum Beispiel auch den später berühmt gewordenen Isaak Deutscher, der kein Deutscher war, sondern ein polnischer, trotzkistischer Jude. Er war für die Weltrevolution, und diese sollte auch das ganze Judentum mit abschaffen. Er war für Trotzki, und damit hatte er es sehr viel schwerer als ich, weil ich damals ehrlich pro-England war und immer mehr wurde mit dem Kriegsverlauf. Er spielte auch eine große Rolle im »Observer«.

Dann gab es einen Mann, der in seinem Herzen eigentlich ein Zionist war, das war Jon Kimche. Er interessierte sich besonders für das Strategische, Militärische. Wir drei waren eine Weile die wichtigsten Leute im Nach-Garvinschen »Observer«, wobei ich am englischsten war.

Durch die Mitarbeit beim »Observer« und auch gerade durch die internen Kontroversen mit Deutscher und Kimche, die alle ihre Spezialziele verfolgten, sei es die Weltrevolution, sei es der Zionismus, wollte ich keine Spezialziele mehr haben. Ich dachte, was aus Deutschland wird, das werden wir sehen. Zunächst kommt es darauf an, das für England Günstigste zu wollen, zumal England so anständig zu uns ist und uns gewissermaßen erlaubt, uns als Engländer zu maskieren und mitzutun. So wurde ich eine Art englischer Patriot, lange ehe ich mich naturalisieren ließ.

Was haben Sie im »Observer« hauptsächlich geschrieben?

Ich habe alles Mögliche geschrieben. Ich war eine Weile sogar eine Art Faktotum. Ich schrieb also hauptsächlich politische Leitartikel, politische »center page«-Artikel, diese unter dem Pseudonym »A Student of Europe«. Dann schrieb ich strategische Artikel zusammen mit Kimche und einem Amerikaner unter dem Pseudonym »Liberator«. Außerdem schrieb ich Profile, Kommentare, Kurznotizen und diplomatische Stories unter »By a Special Correspondent«.

Später, als der Krieg vorbei war, wurde ich ganz offiziell »Our Diplomatic Correspondent« und ging im Foreign Office ein und aus. Eine Weile schrieb ich, so grotesk es klingt, auch Musikkritiken, dies unter dem Namen »Martin Raymond«. Dann schrieb ich natürlich auch Buchbesprechungen. Ich machte wirklich ein bißchen von allem, ich schrieb das Blättchen voll. Es hatte damals nur sechs

Seiten, große Zeitungsseiten allerdings, aber es gab kaum eine Seite außer vielleicht der Sportseite, auf der nicht jeden Sonntag irgend etwas von mir stand. Es war die fleißigste Zeit meines Lebens. So viel Begeisterung für meinen Job und guten Willen, es bestens zu machen, habe ich nie wieder für irgend etwas aufgebracht.

Während meiner Zeit beim »Observer« wurde ich innerlich Engländer, ein englischer Patriot, natürlich doch kein ganz richtiger Engländer. Das habe ich nach 1948 gemerkt, als ich mich naturalisieren ließ. Ich lernte zwar mit den richtigen Anspielungen schreiben, von den Shakespeare-Zitaten bis zu den »nursery rhymes«, und ich las auch sehr viel englische Literatur und »poetry«, aber man wird kein echter Engländer, wenn man nicht dort geboren und zur Schule gegangen ist. Ich war eine sehr glaubwürdige Nachahmung eines Engländers, und ich war ein großer Pro-Engländer, aber ich war kein Engländer. Man bleibt das, als was man geboren und zur Schule gegangen ist.

Wie kam es zum Weggang vom »Observer«?

Ich habe mich mit dem »Observer« überworfen, und das verfolgt mich heute noch manchmal im Traum. Dem habe ich sehr angehangen. Auch meine Freundschaft mit David Astor war eine Weile viel enger, als es die mit Lothar je gewesen ist. Lothar war ein Glücksfall gewesen für mich – ein Mann, der mich anstellte. David Astor war eine Weile jemand, den zu beeinflussen mir ein Herzensanliegen war. Als es mir nicht mehr gelang, war ich eines großen Teils meines Lebensinhalts beraubt.

Wir hatten politische Differenzen. Zum Schluß, als wir uns dann endgültig getrennt haben, führte komischerweise die Deutschland- und Rußlandpolitik dazu, die damals immer sehr eng zusammenhing. Was uns aber innerlich entfremdet hatte, war seine Rassenpolitik, die nämlich grundsätzlich anti-weiß und pro-schwarz war – »schwarz ist gut, und weiß ist schlecht«. David Astor war auch der erste, der in der Welt die große Kampagne gegen Südafrika anfing, die ich nie mitgemacht habe. Ich habe immer gesagt, was sollen denn die weißen Südafrikaner machen, sie haben sich einen sehr tüchtigen Staat gebaut, und wenn sie da zur ewigen Minderheit verdammt würden, hätten sie das Los der Juden in Deutschland.

Wie würden Sie den »Observer« von damals politisch charakterisieren?

Es war genauso wie später auf komischere Weise beim »Stern«: Zu Anfang hatte ich so ungefähr dieselbe Meinung wie David Astor, den ich auch etwas beeinflußte. Aber zum Schluß war ich ein Rechtsaußen. Der »Observer« ging sehr stark nach links, und ich ging nicht mit. Beim »Stern« passierte nachher dasselbe, nur war es da noch grotesker. Da war ich zuerst der Linksaußen und endete als der Rechtsaußen, und nicht ich hatte mich so sehr geändert, der »Stern« hatte sich geändert.

Inwieweit wurde die Volksfrontbewegung in England diskutiert, und wie sehr haben Sie sich selbst damit auseinandergesetzt?

Ich selbst habe mich eigentlich kaum damit auseinandergesetzt. Eine echte politische Frage war die Volksfront in meiner Zeit, unter Churchill und unter Attlee, nie. Vor meiner Zeit, der Zeit des Spanischen Bürgerkrieges, gab es auf der linken Seite der Labour Party, besonders damals durch Stafford Cripps – nicht mehr später, als er Minister wurde –, einige Leute, die eine Volksfront wollten. Aber auch damals ist nie etwas daraus geworden, die Gegensätze zwischen Labour und den Kommunisten waren doch zu tief. Was es im Kriege gab, war eine große dankbare Popularität Rußlands, einschließlich Stalins. Stalin galt als Retter Englands, was er ja in gewissem Sinne war. Daß die Russen den Krieg durchstanden unter diesen furchtbaren Schlägen, die sie zunächst erlitten, das wurde in England mit großer Dankbarkeit empfunden. Aber es führte zu keiner Volksfrontbewegung, zu keiner Stärkung des eigentlichen Kommunismus.

Wie unterschied sich Ihre Idee einer Sammlung der Emigranten von der Volksfrontidee?

Ich war mehr für eine Sammlung liberaler Art, was irgendwie auf die Sozialdemokraten und auf einen Teil der Rechten vielleicht anziehend wirken könnte. Bei den Kommunisten war es eher umgekehrt. Sie waren die einzigen, die versuchten, sich bei der »Zeitung« anzubiedern oder einzuschleichen. Und ich muß leider gestehen, daß das nicht eigentlich von mir verhindert wurde, sondern von den Mitgliedern der Redaktion, aus Angst davor, daß die Kommunisten dann in der Redaktion die dominierende Fraktion sein würden. Dies hätte auch Mr. Hare verhindert, aber so weit kam es erst gar nicht.

Das Informationsministerium war also auch sehr antikommunistisch?

Nicht nur das Informationsministerium, sondern die ganze englische Regierung. Sie war für die Anti-Hitler-Koalition, einschließlich Stalin, mindestens ab 1943, aber sie war nicht für eine innerenglische Volksfront oder irgendeinen Einfluß der englischen Kommunisten auf die englische Politik, die ja auch eine winzige Partei bildeten.

Sie haben über sich gesagt, daß Sie kein typischer Emigrant waren, da Sie weder Mitglied in einer Partei noch in einer Organisation waren, noch sind Sie Jude. Es gab den Freien Deutschen Kulturbund und es gab den PEN. Haben Sie sich bewußt gegen eine Mitgliedschaft in einer dieser Organisationen entschieden oder war dies keiner Überlegung wert?

Überlegung wäre schon zu viel gesagt. Ich habe mein Leben lang einen ganz tiefen Instinkt dagegen gehabt, irgendeiner Organisation beizutreten. Ich bin auch jetzt nicht im PEN-Club, obwohl es mir zweimal angetragen worden ist.

Damals hatte Kerr über Sie geschrieben, daß er Sie als Mitglied im PEN – Sie wurden wohl vorgeschlagen – aufgrund der politischen Linie der »Zeitung« ablehnt.

Das ist mir nie bekannt geworden. Es tut mir leid, daß Kerr so gegen mich war, ich war nicht gegen ihn. Ich habe mich immer nachträglich sehr gewundert, warum wir eigentlich Kerr nie zur Mitarbeit auch nur gebeten haben. Er war doch eine der besten deutschen Federn in London. Die »Zeitung« war nicht mein Blatt, ich war ein Angestellter der »Zeitung«, es war Lothars Blatt, und Lothar hat Kerr zu meiner Verwunderung, glaube ich, nie aufgefordert. Vielleicht war er auch deshalb gegen mich. Aber ich habe diese Sachen alle gar nicht so verfolgt. Es hat mich gar nicht besonders interessiert, was da für oder gegen mich geschrieben wurde.

Auch das kulturelle Leben in Emigrantenkreisen interessierte Sie nicht?

Nicht sehr. Auf jeden Fall nicht mehr, nachdem meine politischen Hoffnungen auf die Emigrantenkreise sich als vollkommen verfehlt herausgestellt hatten und nachdem ich qua »Observer« eine Art falscher Engländer geworden war. Ich war wirklich sehr, sehr pro-englisch, nicht mehr so sehr für ein besseres Deutschland. Darin hatte ich wohl auch recht, denn es war das einzige, wo man etwas bewirken konnte. Was mich interessierte, war, wie England aus dem Krieg herauskam, ob überhaupt mit heilen Gliedern und dann möglichst mit viel Einfluß.

Und Parteimitgliedschaft lehnen Sie grundsätzlich ab?

Ich lehne sie nicht grundsätzlich ab, aber sie liegt mir nicht. Wenn Leute politisch wirken wollen, zum Beispiel heute in der Bundesrepublik, dann wäre mein Rat an sie durchaus, sich einer Partei anzuschließen.

1980 habe ich ein Buch geschrieben, »Überlegungen eines Wechselwählers«, worin ich die Lage in der Ära Schmidt als ideal ansah – zwei große Volksparteien, die sich sehr überschneiden in ihren Programmen, nicht ganz unvereinbar sind, sich durchaus ablösen können, ohne daß gleich alles auf den Kopf gestellt wird; und möglichst gar keine dritte, geschweige denn vierte und fünfte Partei.

Ihr großer hiesiger Erfolg waren die »Anmerkungen zu Hitler«. Inwieweit haben Sie darin Positionen aus den vierziger Jahren wieder aufgegriffen und modifiziert?

Ich habe sie sprachlich sehr gemäßigt. Als ich vor ein paar Jahren das Hitler-Kapitel in »Germany: Jekyll and Hyde« noch einmal las, war ich geradezu überrascht, mit wieviel Haß und Gift ich damals über Hitler schrieb, während ich ihn jetzt ja immer noch als Negativfigur, aber doch mit einem gewissen Respekt vor seiner Tatkraft und Fähigkeit behandle. Ich würde heute Hitler genauso absolut ablehnen und versuchen, auf seinen Untergang hinzuarbeiten, wie damals, aber ich würde es mit weniger Gemütsbeteiligung tun, mit weniger wirklichem Haß, als ich damals hatte – durch die zeitliche Distanz und aus Altersweisheit.

Hatten Sie sich überlegt, nach 1945 nach Deutschland zurückzukehren?

Nein, zunächst nicht. 1945 habe ich geglaubt, ich lasse mich in England naturalisieren, was ich 1948 dann auch getan habe. Ich dachte, ich werde Engländer, bleibe Engländer und beschließe dort auch mein Leben. Dafür gab es mehrere Gründe. Erstens war ich wirklich ein großer englischer Patriot geworden und wünschte England alles Gute, mehr als irgendeinem anderen Land. Zweitens dachte ich, du hast nun die ganze Zeit wie ein Engländer geschrieben und versucht, zu den Engländern so zu reden, als wärst du einer von ihnen, nun werde auch einer von ihnen. Und drittens, dachte ich, mit den Deutschen hast du es verschüttet, du warst im Krieg auf der anderen Seite, die Deutschen werden dich nie mehr als einen von ihnen annehmen.

Die innerdeutsche Politik der Nachkriegszeit hat mit meinen persönlichen Entschlüssen sehr wenig zu tun gehabt. Daß ich dann schließlich doch, zunächst 1953 als »Observer«-Korrespondent und dann 1961 auch das nicht mehr, sondern als Quasi-Deutscher zurückging, das hatte mit den innerdeutschen Verhältnissen relativ wenig zu tun.

Mein letztes und endgültiges Zerwürfnis mit dem »Observer« und insofern auch mit England, denn eine andere Basis hatte ich dort nicht, war die zweite Berlin-Krise, das Chruschtschow-Ultimatum und die sehr laue Haltung der englischen Regierung und die noch lauere und wirklich knieweiche Haltung, die der »Observer« einnahm. Das wollte ich nicht mitmachen. Und zwar auch noch aus englischen Gründen, nicht so sehr, weil ich an der deutschen Einheit hing – das tat ich zwar eine Weile; ich habe meine Meinungen oft gewechselt oder zumindest stark modifiziert.

Der eigentliche Grund war, daß ich mich als Engländer blamiert fühlte, wenn die Engländer hier in Berlin zahm nachgeben, das ist eine Schande, dafür will ich nicht mitverantwortlich sein. Ich war in mancher Hinsicht »more

English than the English«. Ich wollte auch nicht diese ganze Dekolonisierung, für die David Astor ein Vorkämpfer war.

Wie hat sich Ihre langsame Annäherung an die Bundesrepublik vollzogen?

Der Entschluß hierzubleiben reifte langsam, ungefähr während der zweiten Berlin-Krise. Andererseits sah ich mich auch nicht zum »Observer« zurückkehren, denn es gab zu viele Meinungsverschiedenheiten über die Gesamtrichtung. Es war schon seltsam. In der zweiten Kriegshälfte und in den ersten Nachkriegsjahren versuchte ich, als Noch-Deutscher englische Politik zu beeinflussen, und verstellte mich dazu als Engländer. Dann kam die Zeit, wo ich hier als Engländer in meinem eigenen Lande, aber für eine englische Zeitung, von einem englischen Gesichtspunkt aus schrieb. Bis das sich wieder eingespielt hat ...

Erst 1972 habe ich mich hier in Deutschland wieder zurücknaturalisieren lassen, habe aber die britische Staatsbürgerschaft nicht aufgegeben. Inzwischen habe ich nicht mehr das Gefühl, daß ich ein Recht habe, mich als Engländer zu fühlen oder etwa gar dahin zurückzukehren. Außerdem würde meine jetzige Frau nicht mitwollen.

In Deutschland habe ich dann in den sechziger Jahren als Immer-Noch-Engländer ganz heftig im »Stern« deutsche Innenpolitik gemacht.

Und obwohl ich mich meines Lebens nicht schäme – fast im Gegenteil, auf vieles bin ich fast ein bißchen stolz privat –, habe ich keine Lust, es zu beschreiben und es jedem zum Fraße vorzuwerfen. Man kann sehr leicht gegen mich polemisieren. Ich habe immer nur geschrieben, was ich in dem Moment für richtig hielt.

Wie würden Sie Ihr Selbstverständnis formulieren, sehen Sie sich als Publizist, Journalist oder Historiker?

Publizist ist mir ein zu hochtrabender Ausdruck. Ich habe mich den größten Teil meines Lebens mit etwas Verwunderung doch als Journalist gefühlt. Mit dem Historiker ist das so eine Sache. Ich habe mich immer sehr für Geschichte interessiert, nicht für die gesamte Geschichte, aber für gewisse Perioden, darunter gerade die letzten. Aber ich habe alle meine Bücher auch immer ein bißchen wie ein Journalist auf eine Pointe hin geschrieben, manchmal sehr deutlich oder, wie in meinem letzten Buch, mit einer unausgesprochenen Pointe, die nur in einem Satz milde angedeutet wird, die der Leser für sich ziehen soll, nämlich wir wollen gar kein Deutsches Reich wiederhaben, wir sollten es gar nicht wieder wollen, es war nicht unser Glück, auch vor Hitler nicht. Ich bin also eine Art historisch schreibender Journalist, wobei ich mir nicht habe träumen lassen, daß das mein Leben sein würde. Ich wäre viel lieber ein Romane schreibender hoher Ministerialbeamter gewesen.

Ohne Ihre Emigration wäre das vielleicht auch Ihr Lebensweg geworden.

Ohne Hitler. Die Emigration war dann auch nur eine Folge Hitlers und meiner beiden Schulen, in denen ich die beiden Hauptgegner Hitlers schätzen gelernt habe, die Juden und die »Vons«.

Wie ist Ihr Verhältnis heute zu England?

Liebevoll und ein bißchen mitleidig mit einem ganz kleinen Schuß Verachtung. Ich achte aber auch die Briten wieder sehr hoch wegen der Eigenschaften, die sie im Kriege gezeigt haben. Aber was sie jetzt in den späteren Nachkriegsjahren, in den Verfallsjahren unter Macmillan und Wilson gezeigt haben, das kann mir doch keine rechte Achtung einflößen, höchstens denn doch wieder dieses Phlegma und das Understatement, mit dem sie ihren Machtverfall hingenommen haben.

Sie haben Ihre politischen Positionen häufig gewechselt und bereits sehr früh die Anerkennung der DDR gefordert.

Ich war eigentlich ziemlich lange Zeit, auch als ich schon wieder hier war, ein Wiedervereiniger. Aber ich fand dann, die Anerkennung der DDR ist das Zweitbeste und das einzige, das man haben kann, und daraus läßt sich auch eine sehr ordentliche deutsche Existenz, ein Miteinander entwickeln. Eine Wiedervereinigung kann ich mir nicht vorstellen. Da gebe ich Honecker ganz recht, die beiden deutschen Staaten, so wie sie jetzt sind, das ist Feuer und Wasser. Einer müßte seine Existenz so wandeln, daß er sich praktisch selbst aufgibt; und das ist nicht zumutbar.

Ich war eine Weile sehr gut befreundet mit Wolfgang Venohr, einem großen deutschen Nationalisten, der mit seinem ganzen Sein dafür ist, daß wieder ein Gesamtdeutschland mit Berlin als Hauptstadt entsteht. Ich habe immer noch Verständnis für ihn, aber ich halte das jetzt für falsch. Meine Wandlungen waren auch sehr selten und niemals in erster Linie Gefühlswandlungen.

Eine sehr aktuelle Frage: Welche Schlüsse würden Sie von Ihrem persönlichen Schicksal auf die Asylantenpolitik ziehen?

Ich kann als jemand, der von der Asylbereitschaft eines anderen Landes einmal gelebt hat, nicht gegen Asylgewährung sein. Das wäre kleinlich gedacht. Andererseits ist die Formulierung im Grundgesetz juristisch einfach falsch. Das Asylrecht ist kein individuelles Recht der Leute, die Asyl haben wollen. Es ist ein Recht der Staaten, Asyl zu gewähren. Wenn man es so umdeutet, wie es das Grundgesetz tut, heißt es praktisch, alle Menschen können in die Bundesrepublik kommen. Das ist ja aber physisch unmöglich, dazu ist sie zu klein. Aber prinzipiell bin ich für die Asylanten, und ich bin auch sehr für die Türken, für die ich eine Schwäche habe. Es ist ein sehr tüchtiges, altes, imperiales Volk.

Sie haben sich öffentlich zum Fall Höfer geäußert und haben ihn sehr stark verteidigt beziehungsweise für ihn Partei genommen.

Erstens war das ein Akt persönlicher Dankbarkeit. Höfer hat mich als allererster, als ich gerade frisch wieder in Deutschland war, zugezogen, und ich war lange Zeit eine Hauptstütze seines »Frühschoppens«, und ich habe nie ungern mitgemacht. Ich hatte immer das Gefühl, daß er versucht hat, uns alle fair zu behandeln. Außerdem fand ich den »Frühschoppen« – abgesehen von persönlicher

Dankbarkeit – eine sehr gute Einrichtung. Das Wort »Umerziehung« hat ja einen schlimmen Klang, aber insofern, als es darum ging, den Deutschen etwas mehr Vernunft, Verständnis und Objektivität beizubringen, hat der »Frühschoppen« in Höfers vielen Jahren sehr segensreich gewirkt. Ich bin wirklich der Meinung, man sollte den Leuten, die sich früher einmal irgendwann Sachen geleistet haben, die man nicht gern wiedersehen würde, die Dinge, die sie später wiedergutgemacht haben, anrechnen. Wir haben alle irgendwann einmal etwas geschrieben, über das man später denkt, hätte ich das doch besser nicht geschrieben – auch ich.

Und seinen Verdrängungsmechanismus machen Sie Höfer nicht zum Vorwurf?

Er hat ja nicht den armen Kreiten denunziert oder zum Tode verurteilt. Er hat, als es passiert war, das, was man damals so schrieb, vielleicht sogar schreiben mußte, geschrieben. Er behauptet ja – ich glaube immer noch –, es sei ihm reinkorrigiert worden in den Artikel. Aber selbst, wenn ihm die spezifische Bezugnahme auf Kreiten hineinkorrigiert worden wäre, was vorstellbar ist, dann war die Gesamttendenz des Artikels natürlich trotzdem eine traurige Apologetik der Nazi-Justiz.

Aber – das war eben auch mein Gefühl, wer hier blieb und hier schrieb, auch wenn er es gar nicht wollte, diente irgendwie Goebbels. Es ist nur ein Gradunterschied, ob er es als Schmuckstück oder als Direkt-Apologet tat. Man muß den Leuten auch wirklich manches verzeihen können, besonders wenn sie, so wie Höfer, Besserung zeigen. Wiedergutmachung ist etwas, was man zulassen und anerkennen muß. Einen Höfer, dem wir dreißig Jahre lang jeden Sonntag gerne zugehört haben, jetzt plötzlich wie einen Aussätzigen zu verstoßen, das fand ich schofel.

Ein Hauptvorwurf war, daß er sich immer erst dann zu den Dingen bekannt hat, als sie ihm nachgewiesen wurden.

Aber so ist doch der Mensch. Welcher Mensch stellt sich denn schon gerne freiwillig bloß und zeigt seine unangenehmen Stellen, besonders, wenn die Zeit schon lange darüber hinweggegangen ist. Sehr viele Leute, die heute in der Bundesrepublik auch in der Publizistik etwas bedeuten, haben in der Nazi-Zeit Sachen geschrieben, an die sie sich nicht gerne erinnern lassen. Ich habe niemals etwas Pro-Hitlerisches geschrieben, aber ich bin manchmal in meinem Anti-Hitlerismus sehr weit gegangen und habe da auch, besonders 1942, als der Holocaust bekannt zu werden anfing, Sachen geschrieben, die ich heute bedaure, aber ich gehe nicht hin und sage, um Gottes willen, damals wollte ich am liebsten die ganze SS ausrotten. Es ist mir lieb, wenn das vergessen wird. Es war eben ein Ausrutscher – verzeihlich.

Ich bin ein Anhänger der Verjährung. Die Verjährung ist ein urtümliches, uraltes Rechtsprinzip. Nicht nur, weil sich nach vierzig oder fünfzig Jahren nicht mehr beweisen läßt, wie es genau gewesen ist, sondern auch, weil ein Achtzigjähriger nicht mehr für das verantwortlich gemacht werden kann, was der Dreißigjährige getan hat. Das sind zwei verschiedene Menschen, obwohl sie denselben Namen tragen.

Der Fall Höfer hat so viele Emotionen freigesetzt, weil er als Symptom gesehen wurde für die nicht stattgefundene Aufarbeitung der Nazi-Zeit.

Burke hat geschrieben: »You cannot indict a whole nation.« [»Man kann nicht eine ganze Nation anklagen.«] Das ist leider wahr. Eine Sache, an der so viele – der eine stärker, der andere schwächer – beteiligt waren und mitgewirkt haben, damals irgendwie auch guten Glaubens, wenn auch falschen Glaubens, die kann man nicht voll aufarbeiten. Das ist nun ein Stück deutscher oder allgemeiner Geschichte und muß als solches gesehen werden. Die Leute sterben ja auch weg, ich möchte fast sagen, Gott sei Dank, mich eingeschlossen.

BEGLAUBIGUNG

Hiermit bestätige ich, Sebastian Haffner, daß das vorliegende Interview am 19. Februar 1989 in dieser Form stattgefunden hat.

Berlin, 2. 2. 90. [Unterschrift Haffner]

EIN PARADOXES LEBEN

von Uwe Soukup

Selten hat ein Buch, bevor der Leser es in den Händen hält, einen so verschlungenen und abenteuerlichen Weg hinter sich wie Sebastian Haffners »Geschichte eines Deutschen«. Es verwundert daher kaum, daß der unerwartet große Anklang, den dieses Buch gefunden hat, den Blick der Öffentlichkeit auf das ebenso verschlungene und abenteuerliche Leben des Autors gelenkt hat. Aber auch nur wenige Bücher haben im Leben ihres Autors eine so überragende Bedeutung: Die »Geschichte eines Deutschen« rettete seinem Verfasser das Leben, verschaffte ihm zunächst Asyl, später eine neue Heimat, gab ihm einen neuen Beruf, kurz: Es machte den jungen deutschen Flüchtling namens Raimund Pretzel zu – Sebastian Haffner. Das alles geschah 1939/1940 in England.

Dieser Sebastian Haffner, immerhin Jahrgang 1907, wurde den Deutschen erst in den fünfziger Jahren bekannt – als eher kleiner und wohlgenährter Engländer, mit hoher Stirn, hoher Stimme und einem kurzgestutzten Oberlippenbart; ein gerngesehener Studiogast in Werner Höfers sonntäglicher Sendung »Der Internationale Frühschoppen« mit »sechs Journalisten aus fünf Ländern«. Für einen Engländer – Haffner wurde dort als Deutschlandkorrespondent des englischen »Observer« vorgestellt – sprach er allerdings ein ziemlich gutes, ein viel zu gutes, um nicht zu sagen: ein perfektes Deutsch. Kaum jemand wußte damals, welches Schicksal diesen Deutschen einst nach England geführt hatte; was es mit diesem Engländer, der ein so akzentfreies Deutsch sprach, auf sich hatte, wurde dem Publikum nie erklärt.

Nach und nach wurde aus dem Briten ein Deutsch-Brite, und erst in den siebziger Jahren fiel der Zusatz »Brite« langsam weg. Was es mit dem »Briten Sebastian

Haffner« einmal auf sich gehabt hatte, wußten vielleicht ein paar Eingeweihte, eine Minderheit. Und so ganz genau wollte man es vielleicht auch gar nicht wissen in einem Land, das etwa zur gleichen Zeit der ebenfalls vor Hitler geflohenen und als »Verräterin« beschimpften Marlene Dietrich bei ihrem ersten Auftritt nach dem Krieg in ihrer Heimatstadt Berlin einen beschämenden Empfang bereitete.

Auch Haffner dachte, daß er es mit den Deutschen »verschüttet« habe. Höfers »Internationaler Frühschoppen«, eine nationale Institution mit internationaler Besetzung und so etwas wie die Ur-Talkshow des deutschen Fernsehens, war da für Haffner die geradezu ideale Gelegenheit, nach seiner phantastischen journalistischen Karriere als Deutscher in England, nun als Engländer in Deutschland zu reüssieren. So etablierte sich Sebastian Haffner fast unbemerkt in der Publizistik jenes Landes, das er einst bei Nacht und Nebel verlassen hatte. Zur Flucht war er gezwungen, weil er die »falsche« Frau liebte und sie von ihm ein Kind erwartete. Für die Nazis war diese Liebe eine Straftat: Rassenschande. Schon aus diesem Grund war Haffner nicht bereit, sich mit den Verhältnissen in Deutschland, wie sie ab 1933 herrschten, zu arrangieren.

Bald nach seiner Rückkehr nach Deutschland im Jahre 1954 hatte Haffner eine regelmäßige Kolumne in der »Welt« und berichtete für die konservative »Christ und Welt« aus Berlin. In dieser Zeit verschaffte er sich den Ruf, ein kalter Krieger zu sein. Doch nur wenige Jahre später attackierte er die vermuffte Republik der sechziger Jahre und den Konfrontationskurs der Bundesregierung gegenüber der DDR in der Illustrierten »Stern«, die durch Haffners wöchentliche Kolumnen und viele sehr populär geschriebene historische Analysen, unter anderem über Preußen, die Pariser Kommune, den Ersten Weltkrieg, die deutsche Revolution 1918 und den Zweiten Weltkrieg, enorm an Ansehen gewann.

Was die Deutschen – natürlich nicht alle – ihm angetan hatten, als er sich gezwungen sah, als junger Mann seine Heimat zu verlassen, rieb er ihnen nicht unter die Nase. Nur einmal platzte ihm, ebenfalls im »Stern«, der Kragen, als Willy Brandt wieder einmal vorgeworfen wurde, im Krieg die Seiten gewechselt und norwegische Uniform getragen zu haben. »Wir haben, immerhin, das bessere politische Urteil bewiesen, wir haben Weltkenntnis erworben, wir haben ein unbefangenes Verhältnis zur Außenwelt bewahrt; wir haben nichts zu verbergen oder zu bereuen; wir haben gelernt, wie Deutschland von außen aussieht und können besser erkennen, wann es wieder zu entgleisen anfängt, und rechtzeitig die Bremse ziehen. Es ist ein bißchen peinlich, das alles ausdrücklich sagen zu müssen. Vielleicht müssen wir uns vorwerfen, es nicht früher gesagt zu haben. Aber damals, nach 1945, wollte man schwer geschlagenen, hungernden Menschen nicht auch noch Standpauken halten. Und später war man taktvoll und ließ Vergangenes gern vergangen sein. Aber jetzt zeigt sich, daß man vielleicht zu taktvoll gewesen ist und daß das Vergangene nicht so vergangen ist wie man dachte«, platzte es 1965 etwas unbritisch, aber um so beeindruckender, aus ihm heraus.

Sein »besseres politisches Urteil« hat Haffner nicht nur durch seine Entscheidung für die Emigration bewiesen, er hat es auch formuliert: in vielen Büchern und unzähligen Artikeln. Das erste Buch in dieser langen Reihe ist die »Geschichte eines Deutschen«. Dieses Buch zu schreiben, war ein früher und dramatischer Höhepunkt in Haffners Leben. Obwohl er es im Spätsommer 1939 halbfertig zur Seite legte und es nicht gedruckt wurde, solange Haffner lebte, war es der Ausgangspunkt für seine weitere Entwicklung hin zu dem »vielleicht faszinierendsten und irritierendsten Publizisten der alten Bundesrepublik« (so Hermann Rudolph im Berliner »Tagesspiegel«). Keine Rezension der »Geschichte eines Deutschen« verzichtete daher auf eine kurze biographische Skizze. Unmöglich, über die »Geschichte eines Deutschen« zu schreiben, ohne Haffners vom Verlauf des 20. Jahrhunderts geprägten Lebensweg zu beschreiben.

Ähnliches hatte sich auch schon 1996 ereignet, als Haffners »Germany: Jekyll and Hyde«, ein ebenfalls in England, direkt im Anschluß an die »Geschichte eines Deutschen« geschriebenes Buch, nach sechsundfünfzig Jahren erstmals in deutscher Sprache erschienen war. Haffner selbst hatte lange gezögert, dieses Buch, das unmittelbar nach Kriegsbeginn für das englische Publikum geschrieben worden war, in deutscher Sprache zu veröffentlichen. »Man beendet sein Leben nicht, indem man frühe Werke neu herausgibt«, lautete seine Begründung.

Schließlich stimmte er 1995 doch einer Übersetzung zu. Das Buch mußte, obwohl von Haffner in deutscher Sprache verfaßt, zurückübersetzt werden, weil das im Frühjahr 1940 abgeschlossene deutsche Originalmanuskript verschollen war. Als das Buch schließlich erschien, wurde es in nahezu jeder deutschen Zeitung besprochen. Daß Sebastian Haffner viele Jahre in England gelebt hatte und die britische Staatsbürgerschaft besaß, mußte erklärt werden, um die historische Bedeutung von »Germany: Jekyll and Hyde« zu erläutern.

Da dieses Buch jedoch, im Unterschied zur »Geschichte eines Deutschen«, tatsächlich 1940 in London erschienen ist, gilt »Germany: Jekyll and Hyde« als Haffners Erstling. Niemand kam damals auf den Gedanken, das Buch könnte vielleicht zu einem anderen als dem vom Verlag angegebenen Zeitpunkt geschrieben oder später noch einmal überarbeitet worden sein. Bei der Vorstellung der deutschen Ausgabe im Dezember 1996 in Berlin fragte jedoch Peter Steinbach, Leiter der Gedenkstätte Deutscher Widerstand, den anwesenden Übersetzer, ob in der Rückübersetzung etwas hinzugefügt worden sei, so sehr war er von Haffners Prophetie beeindruckt. Grund genug hätte es für eine solche Verdächtigung allemal gegeben: Schließlich sagte Haffner in »Germany: Jekyll and Hyde« Hitlers Selbstmord voraus. »Hitlers Ende ist keine Frage der Spekulation«, schrieb Haffner 1940. »Er besitzt genau den Mut und die Feigheit für einen Selbstmord aus Verzweiflung. [...] Hitler ist der potentielle Selbstmörder par excellence.«

»Germany: Jekyll and Hyde« war also – von zwei noch in Deutschland verfaßten Jugendwerken abgesehen – nicht das erste von Haffner geschriebene Buch, aber sein erstes, das tatsächlich gedruckt wurde. Es war zugleich sein erstes politisches Sachbuch, für das er, nach reiflicher Überlegung, das Pseudonym »Sebastian Haffner« wählte. Dieser Name – Sebastian von Johann Sebastian Bach, Haffner von Mozarts Haffner-Symphonie oder -Serenade – sollte dem englischen Leser signalisieren, daß es sich bei dem Autor um einen Deutschen handelt, der aus politischen, nicht aus »rassischen« Gründen (Haffner: »Sebastian ist kein Judenname«) geflohen ist. »Seitdem hängt mir dieser Name an«, sagte Haffner Jahrzehnte später, »und ich hab' ihn behalten und hab' ihn versucht, zu Ehren zu bringen.«

»Germany: Jekyll and Hyde« und »Geschichte eines Deutschen« sind »Zwillingsbücher«. So unterscheiden sie sich zwar konzeptionell, ähneln sich jedoch in ihren politischen Aussagen und sind (fast) gleich alt. Schon diese Ähnlichkeit eines unter zunächst nicht eindeutig geklärten Umständen geschriebenen und halbfertig liegengebliebenen Buches – »Geschichte eines Deutschen« – mit einem in England etwa zur gleichen Zeit tatsächlich veröffentlichten Buch – »Germany: Jekyll and Hyde« – hätte Kritiker zur Vorsicht mahnen müssen, doch das Gegenteil war der Fall: Der Berliner Historiker Henning Köhler und der emeritierte Dresdener Kunsthistoriker Jürgen Paul schwangen sich im August 2001 dazu auf, die Authentizität der »Geschichte eines Deutschen« anzuzweifeln, worauf noch zurückzukommen sein wird.

Haffners Jahre im Exil rückten nun erst recht in den Mittelpunkt der Aufmerksamkeit. Schließlich war die »Geschichte eines Deutschen« Haffners »erster Einfall«, um 1939 einen Ausweg aus der in mehrerlei Hinsicht bedrückenden Situation in einem noch fremden Land zu finden. Schon dieser »erste Einfall«, wie Haffner die angefangene »Geschichte eines Deutschen« in dem hier publizierten Gespräch aus dem Jahre 1989 nennt, eröffnete ihm den Weg zu einer ungewöhnlichen Karriere, der wahrscheinlich erfolgreichsten, zu der es ein unbekannter Emigrant und »feindlicher Ausländer« während der Kriegsjahre im englischen Exil gebracht hat: Keine drei Jahre später war er leitender Mitarbeiter des angesehenen »Observer«.

Mit nichts weiter in der Hand als dem ersten Kapitel und einem Exposé hatte sich Haffner an den damals noch ebenso unbekannten wie mittellosen Verleger Fredric Warburg gewandt, der ihm sofort einen Vertrag für die »Geschichte eines Deutschen« anbot und zwei Pfund Vorschuß wöchentlich zahlte. Warburg war also der erste begeisterte Leser des Buches (oder Teilen davon) – und sollte für rund sechzig Jahre auch der einzige bleiben. Haffner, damals einunddreißig Jahre alt, spürte sofort, daß die Tatsache, im Exil einen Verleger gefunden zu haben, für seine Zukunft weitaus bedeutender war als der mehr als bescheidene Vorschuß. Zwar ist das Buch dann nicht erschienen, weil Haffner es nicht zu Ende schrieb, doch Warburg hatte Geduld genug, Haffners zweiten Versuch, »Germany: Jekyll and Hyde«, abzuwarten, weiterhin den Vorschuß zu zahlen und es schließlich zu drucken.

Das Buch erregte reichlich Aufsehen und machte Haffner, der gerade das zweite Mal seit Kriegsbeginn als »feindlicher Ausländer« interniert war, mit einem Paukenschlag in der politischen und journalistischen Szene Englands bekannt. Verschiedene Politiker, sogar Minister, baten Warburg um eine Gelegenheit, den Autor kennenzulernen. Churchill war so beeindruckt, daß er jeden seiner Minister zur Lektüre des Buches verdonnerte, wie sich später sein Sohn Randolph erinnerte. Haffner, der, sobald er in England angekommen war, sein Englisch unter anderem schulte, indem er Churchills damals schon umfangreiches historisches Werk verschlang, und diesem große Bewunderung entgegenbrachte (ihn aber nie kennenlernte), hat von dieser besonderen Auszeichnung – Pflichtlektüre im Kriegskabinett – nie erfahren. Es hätte ihn außerordentlich erfreut und tief bewegt. Mehr noch: Keine Anerkennung wäre ihm wichtiger gewesen als gerade diese, von der er nie erfuhr.

Haffner hat zwei Menschen – neben seinem leiblichen Vater – als seine Lehrer oder Vorbilder bezeichnet: Winston Churchill und Thomas Mann. Mit »Germany: Jekyll and Hyde« ist Haffner das Kunststück gelungen, nicht nur den wichtigsten Politiker jener Jahre in England, eben Churchill, zu beeindrucken, sondern auch seinen zweiten Lehrer. Denn einer der ersten begeisterten Leser – noch vor der eigentlichen Veröffentlichung – von »Germany: Jekyll and Hyde« war im Mai 1940 kein geringerer als Thomas Mann, der am 15. Mai in seinem Tagebuch notierte: »Las aufmerksam in einem engl. Buch ›Germany: Jekyll and Hyde‹ von S. Haffner (Pseudonym?), ausgezeichnet.« Einige Tage später ergänzte er: »vorzügliche Analyse«.

Thomas Mann machte sich sofort auf die Suche nach einem Verlag für eine US-amerikanische Ausgabe, die dann auch 1941 erschien, wenn auch in einem anderen als dem von Thomas Mann angeschriebenen Verlag. An Harpers & Brothers in New York schrieb er, sofort nachdem er das Buch gelesen hatte: »Dieses Buch, eine sehr kraftvolle Analyse des gesamten Phänomens des Nazismus, ist eines der instruktivsten, das über die Deutschen in ihrer gegenwärtigen Situation geschrieben wurde.«

Die größte Wirkung hatte »Germany: Jekyll and Hyde« jedoch naturgemäß in England. Dort wurde es in beiden Häusern des Parlaments erwähnt, von der BBC und in etlichen Zeitungen hoch gelobt. Der Schriftsteller J. B. Priestley wünschte dem Buch, daß es eine Millionenauflage erreichen möge. Dazu kam es zwar nicht – Warburg spricht von 3000 Exemplaren, die er verkauft habe –, doch verdankt Haffner diesem Buch und der Beachtung, die es gefunden hat, zweimal seine Freilassung aus der Internierung im April und im August 1940. Haffners zweite Internierung im Sommer – eine Masseninternierung fast aller in England lebenden »feindlichen Ausländer« – endete für ihn, kurz nachdem im Unterhaus von dem Abgeordneten John Parker eine Anfrage an den Innenminister eingebracht wurde, in der Parker sich dagegen aussprach, jemanden wie Haffner als »feindlichen Ausländer« zu internieren, anstatt seine »wichtige Unterstützung der alliierten Kriegsbemühungen« zu nutzen.

Schon im April 1940 – das Buch war noch nicht erschienen – hatte es der Verleger Warburg fertiggebracht, seinen Autor aus einem Lager für politisch besonders suspekte Ausländer herauszuholen, womit er Haffner zugleich, ohne es zu ahnen, das Leben gerettet hat: Anfang Juli sollten alle Insassen dieses Lagers nach Kanada verschifft werden, doch wurde das Schiff von einem deutschen U-Boot torpediert und sank; ein großer Teil der unfreiwilligen Passagiere ertrank im – nördlich der Britischen Inseln auch im Sommer eiskalten – Atlantik. Zeitlebens war Haffner sich sicher, daß er nicht zu den Überlebenden gehört hätte, weil, wie er Jahrzehnte später an Warburg schrieb, »mein körperlicher Zustand zu der Zeit nicht besonders robust war.«

Für den überraschenden Erfolg Haffners in England gibt es mehrere Gründe. Einige Voraussetzungen brachte er aus Deutschland mit. Da ist zunächst der bildungsbürgerliche Hintergrund, die Nähe zur Literatur, die er, wie so vieles andere auch, seiner Herkunft, genauer: seinem Vater, einem Berliner Volksschuldirektor und engagierten Reformpädagogen verdankte. Nur am Rande sei hier vermerkt, daß Haffners neun Jahre älterer Bruder Ulrich Pretzel, der die umfangreiche Bibliothek des Vaters geerbt hatte, nach dem Zweiten Weltkrieg in Hamburg das Germanistische Seminar aufbaute. Als er starb, hieß es in einem Nachruf in der »Frankfurter Allgemeinen Zeitung«: »Er wußte buchstäblich alles, nicht nur in seinem engeren Fach, und was er einmal wirklich nicht auf Anhieb beantworten konnte, das fand er mit wenigen eiligen Griffen in den schier grenzenlosen Massen seiner Privatbibliothek, einer der größten Privatbibliotheken in unserem Lande.« Zwei große Werke, beklagt der Autor Peter Wapnewski, sei Pretzel sich und seinen Schülern schuldig geblieben, die keiner so kompetent wie er hätte erarbeiten können: Das große mittelhochdeutsche Wörterbuch und die Geschichte der deutschen Philologie.

Sebastian Haffner wuchs als Nachzügler, als letztes von vier Kindern, in dieser bürgerlich-liberalen Familie auf und war von Kindesbeinen an mit Politik, Kunst, Musik und Literatur konfrontiert. Er hatte schon früh das Gefühl, schreiben zu können, schrieb Tagebuch, Novellen und zwei Romane, und einiges spricht dafür, daß Sebastian Haffner ohne die durch Hitler bedingte dramatische Wendung seines Schicksals sich als Schriftsteller einen (anderen) Namen gemacht hätte. Doch das muß Spekulation bleiben.

Die von Haffner nicht von ungefähr lange Zeit vermiedene Exilsituation in England machte seine schriftstellerischen Ambitionen zunichte und zwang ihn, ein politischer Autor zu werden, der, sozusagen in eigener Sache, zur Feder greift. Die »Geschichte eines Deutschen« ist in dieser Entwicklung der Umschlagpunkt – vom Romanautor zum politischen Journalisten. Der – von ihm selbst gewählte – beinahe lapidar wirkende Titel des Buches läßt erahnen, daß es Haffner bewußt war, welch besondere Position er als Deutscher in seinem Gastland innehaben könnte, das sich in einer schwierigen und zunehmend isolierten Situation gegenüber dem aggressiven Deutschland befand: als eine Art Übersetzer, jemand, der den Engländern den allem Anschein nach verrückt gewordenen

Kriegsgegner begreiflich macht. Daß die Engländer diesen Kampf nicht verlören, davon hing auch sein eigenes Leben ab. Haffner griff nach einem Strohhalm: Vielleicht könnte er, gerade als Deutscher, den Engländern etwas mitzuteilen haben, das ihnen im Kampf mit Deutschland nützlich sein würde? Und: Vielleicht könnte er damit sich und seine Familie – der gemeinsame Sohn Oliver war Ende Oktober 1938 geboren worden, seine Frau hatte außerdem einen inzwischen achtjährigen Sohn aus erster Ehe und war erneut schwanger – eine Zeitlang über die Runden bringen? Zugleich hoffte er, nicht ganz zu Recht, aber auch nicht ganz zu Unrecht, daß seine publizistische Arbeit dazu dienen könnte, ihn davor zu schützen, als feindlicher Ausländer interniert zu werden.

Diese Übersetzerrolle Haffners in England – die er schon innehatte, als er selber noch darauf angewiesen war, seine Bücher und Artikel übersetzen zu lassen – war eine weitere Grundlage für seinen Erfolg. Haffner wußte über den Kriegsgegner mehr als viele andere – und er war in der Lage, es so aufzuschreiben, daß das englische Publikum etwas damit anfangen konnte. Haffners Hauptanliegen war ja mit dem seines Gastlandes identisch: Hitler besiegen. Doch steckt nicht in dieser Gemeinsamkeit zwischen Haffner und England schon keimhaft das Ende »einer wunderbaren Freundschaft«, die abkühlen wird, wenn der gemeinsame Gegner besiegt ist?

Auf den ersten Seiten der »Geschichte eines Deutschen« deutete Haffner an, worin er den Nutzen seines Buches, vielleicht auch seiner Person, sah: »Mein Fall mag gerade ein Durchschnittsfall sein. Man kann recht gut an ihm ablesen, wie heute die Chancen in Deutschland für den Menschen stehen.« Etwas weniger literarisch und schon sehr zweckbetont lautete dagegen nur wenige Monate später der erste Absatz in »Germany: Jekyll and Hyde«: »Dieses Buch verfolgt dreierlei Ziele. Es will eine Diskussion zum Abschluß bringen; auf ganz bescheidene Weise helfen, den Krieg zu gewinnen; die Voraussetzungen für einen dauerhaften Frieden erörtern.«

In der politisch, psychologisch und finanziell schwierigen Situation der ersten Monate im Exil »Erinnerungen eines Dreißigjährigen«, eine Mischung aus Entwicklungsroman, autobiographischer Ich-Erzählung und politischer Analyse zu schreiben, kommt dem Versuch der Quadratur des Kreises nahe: eine politische Geschichte persönlich erzählt. Oder: eine persönliche Geschichte politisch erzählt. Ist es nicht gerade die Kühnheit, dieses Wagnis eingegangen zu sein, die die besondere Faszination der »Geschichte eines Deutschen« ausmacht, der sich kaum jemand entziehen kann? Und natürlich, daß in der Hand des Lesers, vor dessen Augen, ein im Jahre 1939 tiefgefrorener Text auftaut.

Schon durch den Zeitpunkt der Niederschrift bedingt, wird der Leser mit nachgetragenen Weisheiten verschont. »Man ist klüger, wenn man vom Rathaus kommt«, war ein Sprichwort, das Haffner gern benutzte. Seine »Geschichte eines Deutschen« besticht jedoch durch die Klarheit *vor* dem Gang zum Rathaus, und es ist hauptsächlich diese frühe Klarheit und Einsicht, an der sich die Kritiker in der merkwürdigen Haffner-Debatte im Sommer 2001 rieben. Folgerichtig – aus der Sicht der beiden Professoren, die Haffners Buch angriffen – war, anzuzweifeln, daß Haffner die »Geschichte eines Deutschen« tatsächlich so, wie das Buch im Sommer 2000 veröffentlicht wurde, 1939 geschrieben haben kann. »Hellsicht oder Rückschau« lautete die Frage, um die es in der »Haffner-Debatte« ging.

Ein Gespräch über das Exil

Das hiermit erstmals publizierte Interview der damaligen Journalistik-Studentin Jutta Krug mit Haffner aus dem Jahre 1989 war in diesem kurzen, aber heftigen Streit der wichtigste Beleg für den frühen Zeitpunkt – 1939 – der Entstehung der »Geschichte eines Deutschen«. Jutta Krug hat am Beispiel Haffners in ihrer Diplomarbeit untersucht, wie Geschichte den Lebensweg eines Einzelnen prägen kann. Heimatlosigkeit, Entwurzelung und das Überleben im Exil waren die Themen, die sie dabei besonders interessierten. Haffner stellte einen interessanten Vertreter einer Berufsgruppe dar, die im Exil mit dem besonderen Problem der fremden Sprache konfrontiert wurde, die zu erlernen Grundvoraussetzung jeder weiteren journalistischen oder schriftstellerischen Tätigkeit war.

Darüber hinaus sollte die Arbeit einen Beitrag dazu leisten, das Defizit der erstaunlich lange Zeit in Deutschland vernachlässigten Exilforschung zu verringern. Schon heute, dreizehn Jahre später, sind Interviews selbst mit zum Zeitpunkt der Emigration sehr jungen Flüchtlingen kaum noch möglich. »Die Leute sterben ja auch weg«, sagt Haffner in diesem Interview über seine Generation. Er selbst war 1989 altersbedingt nicht mehr in der Lage, das Gespräch so ausführlich zu führen, wie man es sich ursprünglich vorgenommen hatte. Schon Haffners letztes Buch »Von Bismarck zu Hitler« war zwei Jahre zuvor von Haffner auf Band gesprochen worden und nicht von ihm selbst »in ordentlicher Schreibarbeit«, wie er es in einer Nachbemerkung formulierte, abgefaßt worden. Haffner gibt in dem vorliegenden Interview – und das macht dessen Bedeutung auch über den Streit um die »Geschichte eines Deutschen« hinaus aus – detaillierter als jemals zuvor oder danach Auskunft zu seinen Gründen, Deutschland zu verlassen, zu dem Weg, den er dazu wählte und zu den Schwierigkeiten, die er zunächst in England hatte. Er berichtet von seinen Buchprojekten, von seiner Mitarbeit bei dem zunächst täglich erscheinenden deutschsprachigen Londoner Emigrantenblatt »Die Zeitung« und über seine Rolle in der Redaktion der angesehenen englischen Sonntagszeitung »The Observer«. Er schildert Begegnungen mit Weggefährten wie George Orwell, Isaac Deutscher, Fredric Warburg und dem im Dezember 2001 verstorbenen früheren Herausgeber des »Observer«, David Astor.

Haffner spricht auch über die Jahre in Berlin bis zu seiner Flucht im Spätsommer 1938, so daß sich der Leser ein Bild machen kann von den Problemen und Schwierigkeiten, mit denen er sich in jenen Jahren konfrontiert sah, die in der »Geschichte eines Deutschen« leider nicht mehr geschildert werden. Man bekommt auch einen Eindruck von den verschiedenen Wegen, die Haffner ausprobierte, um in der unbekannten Situation einer Diktatur – keiner wußte, wie lange der »Spuk« anhält – zurechtzukommen.

Haffner plante offensichtlich, auch diese schwierigen Jahre vor der Emigration in der »Geschichte eines Deutschen« zu beschreiben, wie er uns an zwei Textstellen verrät: Auf Seite 10 schreibt Haffner, daß man sehen wird, »wie er zum Schluß den Kampf abbrechen – oder, wenn man will, auf eine andere Ebene übertragen muß«, womit einzig die spätere Flucht gemeint sein kann. Noch deutlicher der Hinweis auf Seite 100: Haffner berichtet dort, von seiner Fähigkeit zum Denken in »Behördenlogik«, die er während seiner juristischen Ausbildung gelernt habe, die ihm und seiner Frau ein paar Jahre später »buchstäblich das Leben gerettet« habe. Auch hier ist höchstwahrscheinlich von den Fluchtumständen die Rede. Wichtiger noch ist folgender Aspekt: Haffner hätte seine Frau hier kaum en passant in das Buch eingeführt, wenn er nicht vorgehabt hätte, später auf sie zurückzukommen; auf die Diskriminierungen, denen sie ausgesetzt war, und auf die Schwierigkeiten, die sie gemeinsam durchlitten haben. Daß er in einem Buch, das am eigenen Beispiel den englischen Leser über die Verhältnisse in Deutschland informieren sollte, seine persönlichen Erfahrungen mit den Nürnberger Rassegesetzen und der beginnenden Judenverfolgung *nicht* mitgeteilt hätte, wäre völlig undenkbar.

Haffners Entscheidung zur Flucht ist im weitesten Sinne politisch motiviert; die »illegale« Beziehung zu seiner späteren Frau spielt im Kanon der Fluchtgründe eine große Rolle, die man jedoch nicht unbedacht unter der Rubrik »persönliche Gründe« subsumieren kann. »Unter furchtbaren Drohungen verlangt dieser Staat von diesem Privatmann, daß er seine Freunde aufgibt, seine Freundinnen verläßt, seine Gesinnungen ablegt, vorgeschriebene Gesinnungen annimmt«, schreibt Haffner im Prolog der »Geschichte eines Deutschen«. Eine Grenze zwischen Politik und Privatleben ist da schwer zu ziehen, weil ja der totalitäre Staat selbst diese Grenze ständig mißachtet. Es gehört zu den Eigentümlichkeiten jener Jahre, daß man erst lernen mußte, wie Haffner beschreibt, »daß die Nazi-Revolution die alte Trennung zwischen Politik und Privatleben aufgehoben hatte, und daß es unmöglich war, sie einfach als ›politisches Ereignis‹ zu behandeln.« Die erste und vielleicht natürliche, zumindest in Deutschland sehr verbreitete Reaktion, sich ins Privatleben zurückzuziehen, wenn es »draußen« ungemütlich wird, war versperrt. »Wohin man sich zurückzog – überall fand man gerade das wieder vor, wovor man hatte fliehen wollen.«

Die einzig mögliche Konsequenz

Emigration ist niemals ein freiwilliger Vorgang. Sie ist das Ergebnis der Auseinandersetzung des Einzelnen mit der Gesellschaft, in der er lebt und die zu verlassen er in Betracht zieht, weil er keinen anderen Ausweg sieht. Dieser Entscheidungsprozeß nahm bei Haffner mehr als fünf Jahre in Anspruch.

Nicht, daß er diese lange Zeit benötigte, um sich über den Charakter Hitlers oder des Nazismus klar zu werden – die ersten Auswanderungsgedanken hatte er schon 1933. In der »Geschichte eines Deutschen« beschreibt Haffner den Kompromiß, den er schließlich mit seinem Vater als Alternative zur Auswanderung aushandelt: Er geht nach Paris, um dort seinen Doktor in internationalem Privatrecht zu machen. Zugleich will er die Möglichkeiten erkunden, in Frankreich zu bleiben. Tatsächlich hält sich Haffner jedoch 1933 nicht in Paris auf, sondern bringt zunächst das in der »Geschichte eines Deutschen« erwähnte militärische Ertüchtigungslager für Rechtsreferendare in Jüterbog hinter sich. Hiernach tritt er in die Redaktion der »Vossischen Zeitung« ein und erlebt so das Ende des Traditionsblattes Anfang 1934 hautnah mit. Erst danach geht er nach Paris. Es ist eben doch eine Sache, sich in einem tiefen inneren Widerspruch zur bedrohlichen politischen Entwicklung seines Landes zu befinden, aber eine ganz andere, dieses Land, dem man sich durch Sprache, Kultur, Arbeit und Ausbildung sowie Familie und Freunde zugehörig fühlt, tatsächlich zu verlassen – möglicherweise für immer. Dies gilt erst recht dann, wenn man sich nicht unmittelbar bedroht sieht.

Hitler hat die Entscheidung durch seine »psychologische Meisterleistung«, wie Haffner es Jahrzehnte später in den »Anmerkungen zu Hitler« aus eigener Anschauung darstellte, nicht einfacher gemacht: »Erst Furchterregung durch wüste Drohungen, dann schwere, aber hinter den Drohungen zurückbleibende Terrormaßnahmen und danach allmählicher Übergang zu einer Beinahe-Normalität, aber ohne völligen Verzicht auf ein wenig Hintergrund-Terror«.

Die Entscheidung für die Emigration war ohne jeden Zweifel die dramatischste und wichtigste in Haffners Leben. Er nutzte seine Stellung als Redakteur der Feuilletonbeilage einer Modezeitschrift, um die notwendigen Papiere für eine Auslandsreportage in England zu erhalten. Als er schließlich in der Nacht vom 28. auf den 29. August 1938 in Berlin den Zug nach Hoek van Holland bestieg, waren keinerlei Schwierigkeiten an der Grenze zu erwarten, denn das Propagandaministerium hatte die Reise genehmigt.

Seiner schwangeren Freundin war die legale Ausreise schon im Juni im zweiten oder gar dritten Anlauf endlich gelungen. Haffner blieb in Berlin, bereitete sorgfältig seine eigene Flucht vor und organisierte den Transport der Möbel seiner Freundin nach Cambridge, wobei er das Kunststück fertigbrachte, sein eigenes Hab und Gut in dem Umzugsgut seiner zukünftigen Frau unterzubringen. Morgens vor der Arbeit nahm Haffner, der sehr viel besser Französisch als Englisch sprach, Privatstunden, um sein Schulenglisch aufzubessern. England war eigentlich das

»falsche« Exilland für Haffner, doch es sollte sich schon bald als das richtige erweisen. Das furchtbare Schicksal vieler deutscher Flüchtlinge in Frankreich blieb ihm erspart.

Nur sehr wenige waren in den Fluchtplan eingeweiht. Nicht einmal seine Mutter war darüber informiert, daß er vorhatte, in England zu bleiben. Im »Deutschen Verlag« (bis 1937 Ullstein), gab es einige Mitwisser: jene, die ihm den fingierten Auslandsauftrag verschafft hatten. Wenn man so will, waren sie Fluchthelfer. Auch die Nachfolge in der Redaktion der »Kleinen Zeitung« hatte er geregelt. Ein junger Mann namens Helmut Kindler sollte schon in wenigen Tagen auf Haffners Stuhl sitzen. Haffner selbst hatte ihn seinen Vorgesetzten, die seine Fluchtpläne kannten und unterstützten, vorgeschlagen.

Helmut Kindler war eigentlich Regieassistent an Berliner Bühnen, gelegentlich auch mal Schauspieler, und hatte in letzter Zeit ein paar Artikel und Glossen für die »Kleine Zeitung«, eine Beilage der »Neuen Modenwelt«, die Haffner redigierte, beigesteuert. Ob sich die beiden je wiedersehen würden, konnten sie – im August 1938 – ebensowenig wissen wie die Tatsache, daß sie Jahrzehnte später gemeinsam das meistbeachtete Buch über jenen Mann konzipieren würden, dem sie die gegenwärtige Situation zu verdanken hatten: die »Anmerkungen zu Hitler«.

Hitlers unaufgehaltener Aufstieg zwang den gerade einmal dreißigjährigen Haffner nicht das erste Mal, seine Pläne zu revidieren. Schon das Studium der Rechte war ja in diesem Unrechtsstaat ziemlich wertlos, wenn man nicht bereit war, bei dem mitzuwirken, was sich auch in der Justiz ab 1933 entwickelt hatte. Zwar versuchte Haffner einige Zeit, in jenem Teil der Justiz zu arbeiten, in dem das Bürgerliche Gesetzbuch noch galt, doch spätestens seit den Nürnberger Rassegesetzen war ihm klar, daß er als Jurist eines Tages in die Lage kommen könnte, Gesetze anzuwenden, die er zutiefst mißbilligte. Dieser Vorbehalt galt natürlich erst recht für eine Laufbahn als Verwaltungsjurist in einer Behörde, möglicherweise auch in einem Ministerium. Seine schönen Pläne konnte er sowieso auf unabsehbare Zeit ad acta legen. Die Konsequenz aus all dem war schließlich, 1936 den Justizdienst zu quittieren. Inzwischen konnte er vom Schreiben, unter anderem auch von Werbetexten, leben.

Der Rückzug aus der Justiz war ihm nicht besonders schwergefallen, fühlte er sich doch sowieso mehr als Literat denn als Jurist. Immerhin hatte er es im September 1929 schon zu einem Buchvertrag gebracht. Doch die Weltwirtschaftskrise besiegelte das Schicksal seines Romans »Die Tochter«. Wenigstens hatte eine Hamburger Zeitung das Werk, wenn auch stark gekürzt und verstümmelt, in Fortsetzungen abgedruckt. Eine Schriftstellerexistenz wäre Haffner das liebste gewesen; das Jurastudium hatte er auch seinem Vater zuliebe begonnen. Haffners Lösung dieses Interessenkonflikts bestand darin, das eine zu tun, ohne das andere zu lassen. Er studierte und schrieb nebenher Romane und Novellen, wie er es auch für die Zeit nach dem Studium plante.

Sein Vater hatte, selbst Sohn eines Dorfschulmeisters, in den achtziger Jahren des 19. Jahrhunderts seine Laufbahn als Volksschullehrer in Pommern begonnen, den Sprung in die Reichshauptstadt geschafft und es zunächst zur Stellung eines Schuldirektors im Berliner Bezirk Prenzlauer Berg gebracht, Dienstwohnung auf dem Schulhof inklusive – ein unglaublicher Aufstieg für einen Mann, dessen Großväter schließlich noch Bauern gewesen waren. Im kaiserlichen Deutschland war für ihn – einen leidenschaftlichen Reformpädagogen, der hoffte, die Welt etwas besser zurückzulassen, als er sie betreten hatte – ein weiterer Aufstieg nicht zu erwarten.

Nebenbei hatte sich Haffners Vater im Deutschen Lehrerverein engagiert und sich unter Schulreformern einen Namen gemacht. Seine Vorstellungen gingen dahin, die Wissensvermittlung nicht mehr durch Pauken und Auswendiglernen, sondern durch das Erarbeiten der Lerninhalte durch die Schüler selbst zu bewerkstelligen. Im Kaiserreich wollte man jedoch von solchen Vorstellungen nichts wissen. Man begnügte sich mit der Züchtung von – international im übrigen sehr angesehenen – wissenschaftlichen Eliten. Das änderte sich erst in der Weimarer Republik. Haffners Vater machte eine zweite Karriere, stieg in der Hierarchie des preußischen Bildungswesens steil auf und verkehrte dienstlich mit dem preußischen Bildungsminister Konrad Haenisch (SPD). Er beendete seine Laufbahn als Regierungsdirektor im Kultusministerium sowie als Vorsitzender des Deutschen Lehrervereins. Nach 1933 drehten die Nazis die preußische Schulreform, für die Haffners Vater mitverantwortlich gewesen war, zurück, sobald sie die Möglichkeit dazu hatten. Dazu verurteilt, hilflos zuzusehen, wie die Nazis, die er verabscheute, sein Lebenswerk zerstörten, starb Carl Louis A. Pretzel im September 1935 verbittert in Berlin. Schon Anfang der dreißiger Jahre hatte er die Ehrenmitgliedschaftsurkunde des Lehrervereins in Zeitungspapier eingeschlagen und durch Haffner in der Berliner Geschäftsstelle abgeben lassen – ein vergeblicher Protest gegen die immer stärker werdenden Nazi-Tendenzen im Verein. Die Welt, die er verließ, war nun doch nicht besser als jene, in die er siebzig

Jahre zuvor hineingeboren worden war – eine Parallele zu Sebastian Haffner, den die letzten Jahren seines Lebens der Gedanke betrübte, »umsonst« gelebt zu haben.

Verbunden mit dem beruflichen Aufstieg des Vaters in den zwanziger Jahren war ein Umzug der Familie von einer Dienstwohnung in eine andere: vom Direktorenwohnhaus auf dem Schulhof einer Volksschule im nordöstlichen Berliner Bezirk Prenzlauer Berg nach Berlin-Lichterfelde. Der berufliche und gesellschaftliche Aufstieg des Vaters, den er der jungen Republik verdankte, konfrontierte den Sohn mit einer anderen Welt, der Welt der »Vons«, mit Klein-Potsdam. Vorher, »am Königsstädtischen Gymnasium unter der jüdischen Elite war ich ziemlich links«, faßt Haffner seine Erfahrungen an den beiden Gymnasien in dem Interview mit Jutta Krug zusammen, in Lichterfelde »wurde ich rechts.« Sein ganzes Leben sei von diesen beiden Schulen bestimmt gewesen – was übrigens die Unmöglichkeit, Haffner einem politischen Lager zuzuordnen, erklären könnte. Haffner kannte unterschiedliche politische Lager und konnte deren scheinbar entgegengesetzte Denkmuster unter einen Hut bringen, ließ sie in sich streiten und abwägen und kam so zu neuen, ungewohnten Ergebnissen. Für Haffner war es kein Problem, mit Rosa Luxemburg und Karl Liebknecht zu sympathisieren und zugleich den lautlosen Einsturz der Monarchie in Deutschland im Jahre 1918 zu beklagen, da sie »den Oberklassen ihre Tradition und ihren Halt« nahm.

Bis 1933 war Haffners Entwicklung ohne besondere Überraschungen verlaufen: Die Schuljahre brachte er mühelos hinter sich und legte als Jahrgangsbester das Abitur am Berlin-Lichterfelder Schiller-Gymnasium ab. Statt sich mit den Vorbereitungen für die Reifeprüfung herumzuschlagen, feilte er an der Inszenierung des Sophokles-Stückes »König Ödipus«, das zum Schuljahresabschluß einige Abende mit fast allen Lehrern und Schülern auf Deutsch und Altgriechisch aufgeführt wurde.

Auch die Studienzeit folgt im großen und ganzen dem vorgegebenen Rahmen und Fahrplan. Nach seinem Erfolg mit der Ödipus-Inszenierung hatte er zwar auch erwogen, Theaterregisseur zu werden, doch stand da wieder sein Vater dagegen, der ihn bedrängte, etwas »Vernünftiges« zu lernen. Mit dem Schreiben oder dem Theater könne er sich ja auch nebenher ausprobieren. Haffner, wie gesagt, akzeptierte diesen Vorschlag.

Da alle älteren Geschwister Haffners Lehrer geworden waren und ihn dieser Beruf nicht sonderlich reizte, entschied er sich für das Studium der Rechte, mit der Absicht, später eine höhere Verwaltungslaufbahn einzuschlagen. Die Juristerei, so hoffte er, eröffnete ihm den Zugang zur Sphäre der Macht. Vielleicht könnte er später als Staatssekretär in einem Ministerium tätig sein und »mit einer ordentlichen Gesetzesnovelle vor den Herrn treten«. Daß sein Vater mit einigen Größen der Politik verkehrte, hatte zu diesem Entschluß beigetragen. So fügte er sich zwar den Wünschen des Vaters, der auch seinen jüngsten Sohn studieren lassen wollte und es ihm, dem Nachzügler, auch vollständig finanzieren konnte, schlug aber – als einziges der vier Kinder – das pädagogische Erbe des Vaters aus.

Die Hoffnung, durch das Studium der Rechte in die »Sphäre der Macht« vorzudringen, schlug nach 1933 für Haffner ins Gegenteil um. Er erwog sogar, die letzten Prüfungen nicht mehr abzulegen. Es erschien ihm sinnlos. Wieder einmal war es sein Vater, der darauf bestand, daß man den Abschluß einer Ausbildung nicht von tagesaktuellen politischen Umständen abhängig machen dürfe. So sehr das stimmen mag, aber hatte Haffner nicht mit seinem Impuls, alles hinzuschmeißen, den größeren Weitblick bewiesen? Immerhin verschaffte ihm der Abschluß seiner juristischen Ausbildung, zu dem der Vater ihn überredete, Jahrzehnte später eine Pension des Landes Berlin, da Haffner als politischer Flüchtling anerkannt wurde, der durch die politischen Umstände an der Wahrnehmung einer juristischen Laufbahn gehindert worden war.

Tatsächlich waren es nicht einmal zwei Jahre, die Haffner im Bereich der Justiz arbeitete. Doch der Justiz 1936 den Rücken zu kehren, um sich nun voll und ganz dem Journalismus zuzuwenden, löste die Probleme nicht. Wie konnte man journalistisch tätig sein, ohne an der Fassade von einem normalen, netten Deutschland mitzubauen, das in Wirklichkeit gar nicht mehr existierte? Wieder stand Haffner vor einem unlösbaren Problem.

Sicher, er nahm sich vor, niemals etwas zu schreiben, woraus man ihm später einen Vorwurf machen könnte, kein Wort. Sicher, man konnte, zumal im Feuilleton, an Hitler vorbeischreiben. Man mußte alles, was nach Politik roch, meiden. So befaßte sich Haffner einige Zeit mit Modeschulen, so entstanden beispielsweise mit »Auf dem Rücken der Pferde« überschriebene Artikel von Raimund Pretzel in der Zeitschrift »Die Dame«. Das Goebbelsche Propagandareich bot, gerade um sich den Anschein von Normalität zu geben, vor allem in den Friedensjahren des Dritten Reichs unendlich viele Nischen, in denen eine Menge Schriftsteller, Schauspieler, Regisseure und Journalisten irgendwie durch die Zeiten zu kommen suchten. Haffner versuchte das auch.

Die Möglichkeit, bei Ullstein im dritten Stock arbeiten zu können, kam Haffner da sehr gelegen. Dritter Stock: Dort wurden die Zeitschriften gemacht. Das bedeutete auch: ein großes unpolitisches Betätigungsfeld. Hier versuchte er, sich eine Art »Zwischenexistenz« aufzubauen.

Durfte man es versuchen? Diese Jahre brachten ihm, als er schon lange wieder in Berlin lebte und durch sein Buch »Anmerkungen zu Hitler« in der Bundesrepublik Deutschland sehr bekannt geworden war, eine scharfe Polemik in der »Zeit« vom 10. Dezember 1979 ein: »Man muß sich immerhin vorstellen, was zur selben Zeit geschah, zu der – verkrochen in diese ›Zeit‹ ignorierende Unberührbarkeit – Wolfgang Staudte muntere Filme drehte – später gar eine Rolle im ›Jud Süß‹-Film annahm –, Max Bense eine Einführung in das Werk Kierkegaards abfaßte oder die Verleger Stomps und Rowohlt sich im Vorkriegs-Berlin bei Jazzmusik mit Horst Lange und Günter Eich am Kurfürstendamm trafen. Carl von Ossietsky war da schon halb totgeprügelt. ›Die Novelle lebt‹, rief 1937 Sebastian Haffner in der ›Dame‹. Erich Mühsam war tot.« Der Autor, der damalige Feuilletonchef der »Zeit«, Fritz J. Raddatz, schrieb weiter: »Vielleicht ist es überzogen pharisäisch. Aber ich möchte dauernd fragen: pardon, wie war das eigentlich damals? Man trank gewiß auch mal Champagner, man ging aus, flirtete – kein Mensch ist je dauernd bedrückt; man gab wohl auch Parties, hatte gar elegante Häuser. Aber da fehlten doch ein paar Kollegen? Die früher dabei waren?« Sicher ging man aus und flirtete. War man dauernd bedrückt? Champagner? Man kann Haffners Buch als eine um vierzig Jahre verfrühte Antwort auf Raddatz' Fragen lesen.

Hitlers Rassegesetze hatten, seitdem sie in Kraft getreten waren – übrigens genau in dem Monat, in dem Haffners Vater starb –, auch in Haffners ganz privates Leben eingegriffen: Er, der zu dieser Zeit noch tagsüber meist Rechtsanwälte, gelegentlich sogar Richter vertrat, beispielsweise an der Ehescheidungskammer des Berliner Landgerichts, fand sich plötzlich, wenn er nach Hause fuhr, in der Illegalität wieder. Eine absurde Situation. Daß die illegale Liebesbeziehung, in der Haffner und seine Freundin lebten, unbemerkt blieb, verdankten sie wohl zu allererst dem Blockwart in der Künstlerkolonie im Berliner Bezirk Wilmersdorf. Dieser, obwohl Parteimitglied, sah offensichtlich das Tausendjährige Reich nicht unmittelbar bedroht von der »Rassenschande« der etwas ungewöhnlichen Familie in der Bonner Straße 1A und drückte nicht nur beide Augen zu, sondern beruhigte sogar mißtrauische Nachbarn damit, daß »die Frau Landry ja nur Halbjüdin« sei.

Den fast neun Jahre jüngeren Haffner hatte Erika Hirsch 1934 kennengelernt. Sie lebte mit ihrem damals vierjährigen Sohn Peter in der Künstlerkolonie am Breitenbachplatz im südwestlichen Berlin. Sie lernte Haffner durch ihren Mann, Harald Schmidt-Landry, einen ehemaligen Redakteur bei der »Vossischen Zeitung«, mit dem sie in Scheidung lebte, kennen. Erika Landry entstammte einer seit Generationen assimilierten, inzwischen sogar zum protestantischen Glauben übergetretenen jüdischen Familie. Ihr Vater war ein Kreuzberger Fabrikant.

Dokumente aus der ersten Hälfte des 19. Jahrhunderts »verrieten« den Nazis jedoch ihre Herkunft. Im April 1933 verlor Erika Landry daher ihre Anstellung als Bibliothekarin an der Hochschule für Politik, was auch der Reichstagsabgeordnete der Deutschen Demokratischen Partei, Theodor Heuss, zugleich ihr letzter Chef und direkter Vorgesetzter in der Hochschule, nicht verhindern konnte, obwohl er es nach Kräften versuchte. Der Widerstand kam allerdings zu spät: Auch Heuss hatte am 23. März 1933 im Reichstag Hitlers Ermächtigungsgesetz zugestimmt.

Die Gründe auszuwandern wurden in den folgenden Jahren nicht weniger. Als Erika im Frühjahr 1938 schwanger wurde, konnte der Entschluß, das Land zu verlassen, nicht länger hinausgezögert werden. Doch es gab für Sebastian Haffner nicht nur diesen Grund auszuwandern. Man konnte sehen, hören und riechen, was auf die Deutschen und die Welt zukam. Eine einfache und jedem zugängliche Möglichkeit war, Hitlers »Mein Kampf« zu lesen, was Haffner 1933 tat. Man brauchte dem Mann nur glauben, was er als außenseiterischer Politiker während der Weimarer Republik aufgeschrieben hatte. Und paßten die Kriegspläne Hitlers nicht allzugut zu der ungeheuren Aufrüstung der letzten Jahre?

1938 regierte Hitler schon seit mehr als fünf Jahren. »Mein Kampf« war Regierungsprogramm. Außer der NSDAP gab es seit dem Sommer 1933 keine Parteien mehr. Nur ein halbes Jahr hatte es gedauert, um aus den Überresten der Weimarer Republik einen Führerstaat zu machen, nachdem Hindenburg, aus welchen Gründen auch immer, Hitler die Reichskanzlerschaft angetragen hatte. Hitler war gerade vier Wochen Kanzler, als in Berlin »acht Tage vor der Wahl die plumpe Sache des Reichstagsbrandes« (Victor Klemperer) den wichtigsten Schlag Hitlers zur Ausschaltung der Opposition einleitete. Auffällig schnell zog Hitler eine Notverordnung aus der Tasche, die der greise Reichspräsident bedenkenlos unterzeichnete. Mit einem Federstrich waren große Teile der Verfassung außer Kraft gesetzt und die Grundrechte abgeschafft. Noch in der Brandnacht setzten erstaunlich gut vorbereitete Verhaftungen nach längst erstellten Listen ein.

Allein die Tatsache, daß diese Verhaftungen enormen Ausmaßes bereits einsetzten, als aus dem Reichstagsgebäude noch Rauch aufstieg, die Nazis demnach so schnell reagierten, daß sie darauf vorbereitet zu sein schienen, läßt an der noch heute in der Geschichtsschreibung vorherrschenden These von der alleinigen Täterschaft Marinus van der Lubbes zweifeln. Der Reichstagsbrand war das »entscheidende Ereignis, das bis heute nicht wirklich aufgeklärt ist«, schrieb Haffner rund fünfzig Jahre nach seiner Flucht aus Deutschland in seinem »Von Bismarck zu Hitler« genannten Rückblick zu der Frage, wie Hitler es anstellte, nach der legalen Übertragung der Macht an ihn innerhalb von wenigen Monaten das politische Feld abzuräumen. Von da an hatte Hitler freie Hand, das Regierungsprogramm in die Tat umzusetzen. Das bedeutete Krieg.

Haffner wollte diesen Krieg, der nun immer näher rückte, nicht für Hitler mitkämpfen – »auch nicht mit der Feder«. Daß es aber im Krieg mit seinem Versuch einer unpolitischen Zwischenexistenz vorbei wäre, lag auf der Hand. Hoffnung auf Widerstand aus dem Militär, vielleicht schon immer illusionär, mußte spätestens nach der Blomberg-Fritsch-Intrige im Februar 1938 aufgegeben werden.

Noch war es möglich, wenn auch nicht mehr ganz einfach, aus Deutschland auszureisen. Das größere Problem war oft, wohin. Durch den ständig anschwellenden Flüchtlingsstrom – noch einmal verstärkt durch den Anschluß Österreichs an Hitlerdeutschland im März 1938 – war es immer schwieriger geworden, überhaupt ein Aufnahmeland zu finden. Frankreich kam nicht nur wegen Haffners wenig ermutigenden Erfahrungen 1934 nicht in Frage. Der Ausgang des Krieges 1918 – Dolchstoß! Novemberverbrecher! – stand seit zwanzig Jahren im Mittelpunkt jeder nationalistischen Propaganda. Revanche war selbstverständlich, und ein Krieg gegen Frankreich schien nur noch eine Frage der Zeit – dann zwar möglicherweise auch gegen England, doch die zwanzig, dreißig Meilen des Kanals zwischen den britischen Inseln und dem europäischen Kontinent können denjenigen doch ungemein beruhigen, der Schutz vor einem hochgerüsteten Land mit einem revanchelüsternen Diktator sucht. Wie sich zeigen sollte, hat der Kanal als eine Art Festungsgraben gerade so ausgereicht.

Daß man sich in England zunächst nur mehr oder weniger radebrechend verständigen könnte, war gegen diesen zu erwartenden Vorteil zweitrangig. Außerdem waren die Geschwister Erikas bereits in England; so hatte man einen einleuchtenden Grund, einen Besuch zu beantragen. Man wußte wenigstens auch, wo man erst einmal unterkommen könnte. Die weitaus schwierigere Frage war aber, ob das auch für ein Besuchsvisum für Erika ausreichte, da sich viele Länder gegen den Flüchtlingsstrom aus Deutschland abschotteten. Daran drohte Erikas Ausreise zu scheitern. Bereits einmal war sie abgewiesen worden. Haffner überredete seine Frau, es doch noch einmal auf der englischen Botschaft zu probieren, sich zu schminken und den Sohn mitzunehmen … Diesmal klappte es.

Auch die von US-Präsident Roosevelt angeregte internationale Flüchtlingskonferenz von Evian im Sommer 1938 verbesserte die Situation ausreisewilliger deutscher Juden nicht. Eher das Gegenteil war der Fall. Roosevelt selbst erklärte für die USA, daß es bei der einmal festgelegten Quote von 27370 Flüchtlingen jährlich aus Deutschland und Österreich bleiben würde. Die Schweiz – die sich im Vorfeld dagegen verwahrte, daß die Konferenz am Sitz des Völkerbunds in Genf, also auf Schweizer Boden, stattfand, weil man sich die Handelsbeziehungen mit Deutschland nicht verscherzen wollte – bot sich lediglich als Transitland an. Man wolle schließlich nicht »verjuden«. Der australische Vertreter verkündete, daß man bisher »kein Rasseproblem« habe und dies auch so bleiben solle. Mit rund 200 000 bereits aufgenommenen Flüchtlingen seien die Kapazitäten erschöpft, bedauerte der französische Delegierte. Sein Land sei kein Einwanderungsland, rundete der Vertreter Englands das deprimierende Bild ab. Leicht nachvollziehbar, wie sich die deutsche Propagandamaschinerie in einfachster Verkehrung von Ursache und Wirkung – wer hatte denn durch politische Unterdrückung und rassistische Gesetze das Flüchtlingsproblem hervorgerufen? – an dem in der Tat beschämenden und für viele Verfolgte niederschmetternden Ergebnis der Konferenz von Evian labte.

Haffner selbst hätte kaum einen Grund vorweisen können, weshalb er in England um Asyl nachsuchte. Er war ja kein Verfolgter, und gerade der Umstand, aus freien Stücken ausgewandert zu sein, ohne wirklich verfolgt zu sein, sollte ihm später noch große Schwierigkeiten bereiten. Wer aus »rassischen« oder politischen Gründen verfolgt wurde und sich irgendwie nach England durchschlug, konnte damit rechnen, eine Aufenthaltserlaubnis zu bekommen. Auch Erika Hirsch hatte relativ problemlos eine Aufenthaltsgenehmigung erhalten, nachdem sie den Kanal überquert hatte. Sie wurde zu keinem Zeitpunkt als unerwünschte oder gar gefährliche Ausländerin angesehen. Allerdings wurde auch sie im Sommer 1940, wie alle Deutschen, mit den Kindern auf der Isle of Man interniert, getrennt von ihrem Mann. Niemals jedoch war sie in Gefahr, wieder ausgewiesen zu werden.

Daß aber jemand, wie Haffner es tat, die Hürde überwand, indem er unter einem Vorwand hereinkam, dann heiratete und nicht mehr zurück nach Deutschland wollte oder konnte, also herumtrickste, mochten die englischen Behörden nicht allzusehr. Und wovon lebt der eigentlich? Wie sollte man wissen, daß es sich nicht um einen Spion oder was auch immer handelte? Merkwürdige Typen aus Deutschland hatte man schließlich schon mehr als genug im Land. So kam es, daß Haffner nach einigen Monaten – er hatte inzwischen geheiratet und war Vater geworden – von der Ausweisung bedroht war und nach Kriegsausbruch interniert wurde. Da er diese Probleme auf sich zukommen sah, hoffte er, daß ihn eine in der Öffentlichkeit wahrgenommene publizistische Tätigkeit vielleicht vor dem Ärgsten schützen könnte, wie es ja dann auch geschehen ist. Seine Bekanntschaft mit Warburg half ihm bereits im Falle einer drohenden Ausweisung im Juni 1939, und »Germany; Jekyll and Hyde« war im Jahre 1940 sein Paß in die Freiheit, als er zweimal interniert worden war.

Nach der zweiten Internierung traf er am 24. August 1940 in London ein und stieg in einer Pension am Brunswick Square in Bloomsbury ab. In der gleichen Nacht fielen die ersten Bomben auf London. »Das kann ja angenehm werden«, dachte er sich. Mit der Zeit gewöhnte sich Haffner daran, und später kam es oft vor, daß Haffner, den ein Besuch beim Zahnarzt schon Tage zuvor in Panik versetzen konnte, bei Fliegeralarm nicht mit der Familie in den Keller ging, sondern an seinem Schreibtisch sitzen blieb und weiterarbcitete. Die Wahrscheinlichkeit, sagte er, von einer deutschen Rakete getroffen zu werden, sei zu gering, um sich stundenlang vom Arbeiten abhalten zu lassen.

Bereits wenige Tage nach seiner Rückkehr aus dem Internierungslager formulierte Haffner mit einem früheren Mitarbeiter der »Frankfurter Zeitung«, Hans Lothar, ein Konzept für eine deutschsprachige Zeitung. Lothar war nach seiner Emigration 1936 Mitarbeiter des Verlages Secker & Warburg geworden, in dem auch Haffners Buch erschienen war. Lothar bat Haffner, an der geplanten Publikation »Die Zeitung« mitzuwirken. Die erste Ausgabe erschien am 12. März 1941. Auf der Titelseite war Haffners Leitartikel zur aktuellen Kriegslage abgedruckt, daneben ein Begrüßungstelegramm von Thomas Mann: »England scheint, was die Nazis auch sagen mögen, noch nicht an seinen Untergang im Strudel zu denken, da dort in Ruhe und Zuversicht solche Pläne entwickelt und ins Werk gesetzt werden.«

Sebastian Haffner arbeitete nur etwa ein Jahr bei der »Zeitung«. Für das baldige Ende gab es mehrere Gründe: Schnell zerschlugen sich die Illusionen, eine politische Gruppierung um die »Zeitung« herum, keine Exilregierung, aber eine Art »Freies Deutsches Komitee«, aufzubauen. Um so mehr kam Haffner das Angebot des »Observer« zupaß. Haffner griff mit beiden Händen zu. Die Möglichkeit, zur angesehenen Londoner Sonntagszeitung »Observer« zu wechseln, bedeutet für Haffner, nun nicht mehr aus der Sicht deutscher Emigranten und für Emigranten zu schreiben, sondern sich – »als Engländer maskiert« – in die englische Politik einzumischen. Dafür wählte er ein neues Pseudonym: »A student of Europe«. Hier, im altehrwürdigen Traditionsblatt, hätte er sich dem Leser unmöglich als Deutscher präsentieren können, als der er sich ja mit dem Pseudonym »Sebastian Haffner« zu erkennen gegeben hatte.

Haffner steigerte fortan seine Bemühungen, »richtiges Englisch« zu schreiben. Es sei eine Art Autosuggestion gewesen, schilderte er rückblickend diese Zeit. Jeden Satz habe er sich mindestens zehn Mal vorgelesen, um zu hören, ob er wirklich englisch klinge. Auch sei ihm seine Lesewut, die er seinem Vater verdanke, zu Hilfe gekommen. Er las nicht nur die Klassiker der englischen Literatur, sondern auch sämtliche bis dahin bereits verfaßten Bücher Winston Churchills, was ihm außerdem später sehr half, sich in die Gedankengänge Churchills hineinzuversetzen. Oft glaubte er, den nächsten Schritt Churchills vorhersagen zu können – keine schlechte Voraussetzung für die Arbeit als Journalist.

Solange Haffners Englischkenntnisse jedoch noch nicht ausreichten, überarbeitete David Astor, Sohn des »Observer«-Herausgebers, die Artikel für den »Observer« – gelegentlich auch George Orwell, wie David Astor berichtete. Auch David Astor war, wie so viele andere, durch »Germany: Jekyll and Hyde« auf Haffner aufmerksam geworden. Er mochte das differenzierte Bild, das Haffner von Deutschland zeichnete, und schätzte sein Fingerspitzengefühl. Er sei der beste Autor »on Germany« gewesen, den er habe finden können. Vor beiden lag nun, im Frühjahr 1942, ein langer gemeinsamer Weg, der erst im Juli 1961 mit Haffners Kündigung beim »Observer« endete. In dieser Zeit wurde Haffner zunächst britischer Journalist, später britischer Staatsbürger und glaubte lange Zeit, sein Leben als Engländer zu beschließen. Wieder kam alles anders. Es kam bei Haffner immer alles anders, als er es plante. Daß er aber an seinen Plänen nicht starrköpfig festhielt, war eine Voraussetzung für den so abenteuerlich anmutenden Verlauf dieses langen Lebens. Nicht ganz zu unrecht hatte er für eine nach dem Krieg erwogene Autobiographie, in die auch Teile der »Geschichte eines Deutschen« eingearbeitet werden sollten, vorübergehend den Titel »Mein paradoxes Leben« in Betracht gezogen.

David Astor war es auch, der Haffner endgültig zum »Observer« holte. Nachdem sich die Herausgeberfamilie Astor mit dem langjährigen Chefredakteur J. L. Garvin überworfen hatte, stand David Astor vor der Aufgabe, mitten im Krieg eine neue Redaktion für die angesehene Wochenzeitung aufzubauen, was nicht einfach war, denn viele gute Journalisten standen in den Diensten des Militärs. Neuer Chefredakteur wurde schließlich Ivor Brown, der nicht politischer Redakteur, sondern Theaterkritiker des »Observer« war.

So entstanden Freiräume. Gemeinsam mit zwei weiteren Mitarbeitern bestimmte Haffner bald die politische Linie des Blattes – ein »feindlicher Ausländer«, der noch keine zwei Jahre zuvor interniert gewesen war. David Astor hielt zwar engen Kontakt zur Redaktion, konnte aber dort kaum anwesend sein, weil auch er zum Militär eingezogen worden war. In dieser Konstellation, die Haffner in dem vorliegenden Interview als die »fleißigste Zeit meines Lebens« beschreibt, arbeitete Haffner zunächst etwa fünf Jahre; von Zeitzeugen wird er als intellektuelles Rückgrat des Blattes in dieser Zeit beschrieben. Als David Astor in das zivile Leben zurückkehrte und sich darauf vorbereitete, beim »Observer« »so eine Art Allmächtiger« zu werden – Haffner spielt damit auf die Doppelrolle David Astors als Besitzer und Chefredakteur an –, kam es zu ersten Spannungen zwischen Sebastian Haffner und David Astor. Haffner hatte sich daran gewöhnt, in dem, was er für das Blatt schrieb, sehr große Freiheit zu genießen, und wollte sich diese Freiheit nicht nehmen lassen. Politische Differenzen kamen hinzu. Zunächst feinste Haarrisse entwickelten sich über Jahre hinweg zu einem Bruch zwischen beiden, der 1954 in Haffners Rückkehr nach Deutschland mündete und der zunächst noch als Wechsel Haffners nach Berlin, als Deutschlandkorrespondent der Zeitung, kaschiert wurde. 1961, zwei Wochen vor dem Mauerbau, kündigte Haffner dem »Observer« endgültig, weil ihm das Blatt, für das er aus Berlin berichtete, in der Berlin-Frage zu weich erschien. Die rund zehn Jahre dauernde Entwicklung bis zur endgültigen Trennung von David Astor war für Haffner ein geradezu traumatischer Vorgang, der dennoch nicht zu vermeiden war, wenn er seine Unabhängigkeit wahren wollte.

Neben den Schwierigkeiten mit David Astor spielte für Haffner bei der Rückkehr nach Deutschland etwas anderes eine wichtige Rolle: Im Gegensatz zu anderen in England oder den USA erfolgreichen Emigranten ist Haffner die vollständige Assimilation in England nicht gelungen. Es zog ihn – mit einiger Verzögerung – zurück nach Deutschland, vor allem, nachdem das Verhältnis zu David Astor irreparablen Schaden genommen hatte.

Nach der Trennung vom »Observer« war er endgültig in der Bundesrepublik Deutschland angekommen. Die Arbeit für die »Welt« und »Christ und Welt« stand nun im Mittelpunkt seiner Tätigkeit, bis er sich im Gefolge der »Spiegel«-

Krise mit Pauken und Trompeten von beiden Blättern trennte und zum »Stern« ging. Die Chefredakteure beider Zeitungen wollten Haffners zornige Anti-Strauß-Kommentare nicht drucken, woraus Haffner – wieder einmal – die einzig mögliche Konsequenz zog. Seine radikaldemokratischen, für die damalige Zeit oftmals geradezu ketzerischen Kommentare im »Stern« entrüsteten einen Teil der Republik, den anderen rissen sie zu Beifallsstürmen hin. Sie zeichneten sich vor allem dadurch aus, daß sie ungeschriebene Gesetze verletzten und Tabus brachen. Besonders hervorzuheben ist in diesem Zusammenhang die Vorbereitung der späteren Ostpolitik Willy Brandts durch Haffner, seine Plädoyers für eine Verständigung mit »Pankow«, wie man damals die Regierung der DDR bezeichnete.

Die »Haffner-Debatte«

Was war das eigentlich für einer, der die Nazis so früh dechiffrierte und es außerdem – schon damals – verstand, seine Erkenntnisse so lesbar, ja geradezu unterhaltsam mitzuteilen? Wie ist dieses unfertig gebliebene Buch, die »Geschichte eines Deutschen«, entstanden? Und: Ist es überhaupt zu dem vom Verlag und Haffners Nachkommen angegebenen Zeitpunkt entstanden? »So früh kann der das nicht erkannt haben«, sagten manche; »so früh konnte man es also erkennen«, dachten viele andere.

Möglich, daß es im Sommer 2001 eigentlich genau um diese Frage ging, als eine typisch deutsche Debatte – kurz, heftig und ohne greifbares Ergebnis – um die Authentizität der »Geschichte eines Deutschen« über das Land hereinbrach: Manch einer fragte sich hinterher, was das nun eigentlich sollte. Von den teilweise recht absurden Vorwürfen gegen Haffner, seine Kinder oder den Verlag ist buchstäblich nichts übriggeblieben außer der Korrektur einer vergleichsweise winzigen Ungenauigkeit in der Editorischen Notiz der »Geschichte eines Deutschen«. Möglicherweise hat der eine oder andere von der Kritik an dem Buch und den Zweifeln an der Echtheit erfahren, jedoch die Sache nicht weiter verfolgt und hat nun den diffusen Eindruck, daß mit dem Buch irgend etwas nicht stimmt. Vielleicht hatten die Kritiker auf diese Wirkung gesetzt – eine andere Annahme fällt angesichts der Dürftigkeit ihres Vortrages schwer.

In dieser Debatte lieferte das Interview, das Jutta Krug 1989 mit Haffner geführt hatte, den Verteidigern Haffners die wichtigsten Argumente. Sämtliche Hinweise auf den Zeitpunkt der Entstehung der »Geschichte eines Deutschen«, die seither hinzugekommen sind, bestätigen Haffners Aussage, wie er sie im Februar 1989 gegenüber Jutta Krug gemacht hat. Hinzu kommen ferner Äußerungen gegenüber dem damaligen Redakteur des Deutschlandfunks, Hermann Rudolph (heute Herausgeber des Berliner »Tagesspiegel«), aus dem Jahre 1983. Zusammengenommen ergibt sich ein in sich schlüssiges Bild, das allerdings vielleicht dem einen oder anderen Skeptiker noch nicht hieb- und stichfest erscheinen könnte, da es sämtlich sich um Aussagen Haffners – also in eigener Sache – handelt.

Anders sieht die Sache jedoch aus, wenn man die Passagen aus dem Buch von Haffners englischem Verleger Fredric Warburg hinzunimmt, der in seinen 1973 erschienenen Erinnerungen »All Authors are equal« wiedergibt, wie er Haffner kennenlernte und was Haffner 1939 zu schreiben beabsichtigte – nämlich eine »politische Autobiographie«. Warburg berichtet weiter: »Das Buch wurde nie fertiggestellt. Als Haffner zur Hälfte fertig war, brach der Krieg aus, und er spürte, daß er etwas weniger Privates und mehr unmittelbar Politisches schreiben mußte. Im Spätherbst 1939 schickte er mir mehrere Kapitel von ›A Survey of Germany‹.« Warburg schreibt weiter, daß er selbst anregte, den Titel in »Germany: Jekyll and Hyde« abzuändern. Wichtig ist hier, im Zusammenhang mit dem Streit um die »Geschichte eines Deutschen«, daß Haffner sich im Herbst 1939 bereits mit dem neuen Buchprojekt – »Germany: Jekyll and Hyde« – beschäftigte.

Diese Aussage entspricht dermaßen exakt Schilderungen, die Haffner und seine Frau Erika in Briefen im Herbst und Winter 1939/40 an Erikas früheren Mann Harri Schmidt-Landry gegeben haben, daß vernünftigerweise kein Zweifel an der Entstehung der »Geschichte eines Deutschen« mehr bestehen kann. So heißt es in einem Brief Erikas vom 5. Januar 1940 (fortgesetzt am 8. Januar 1940), »dass Raimund [i. e. Sebastian Haffner; d. V.] – von einer plötzlichen Eingebung gepackt – vor einigen Wochen die Produktion an seinem grossen Buch zugunsten eines kleinen gestoppt hat, das den Titel ›Deutschland, ein Querschnitt‹ trägt [...].« Es folgt eine Aufzählung der Kapitel, wie sie sich nahezu identisch in »Germany: Jekyll and Hyde« finden lassen. Unter das Wort »Wochen« ist mit anderer Handschrift, die eindeutig als die von Haffner zu identifizieren ist, in Klammern das Wort »(Monaten!)« gekritzelt. Dieser winzige Zusatz bedeutet, daß Haffner Anfang Januar 1940 die Aussage, er habe die Arbeit an seinem kleinen Buch »vor einigen Wochen« begonnen, für so ungenau erachtet, daß er die Aussage dahingehend berichtigt sehen will, er habe das kleine Buch »vor einigen Monaten« angefangen. Dies deutet recht präzise auf die Tage und Wochen rund um den Kriegsbeginn hin.

In einem früheren, diesmal maschinengeschriebenen Brief Haffners an Schmidt-Landry vom 20. August 1939, in dem er auch um die Rückgabe von geliehenem Geld bittet, um dem »Schuldgefängnis wegen Nichtzahlung der rates« zu entgehen und der übrigens mit dem Satz »Werden wir wohl in acht Tagen Krieg haben?« endet, schreibt Haffner: »Ich arbeite, bin aber nicht so recht inspiriert und komme zu langsam vorwärts. Vorgestern habe ich gerade das dritte Kapitel abgeliefert.«

Daran, daß es sich bei diesem Buch, dessen Titel Haffner allerdings nirgends erwähnt, um die »Geschichte eines Deutschen« handelt, kann kein vernünftiger Zweifel mehr bestehen, es sei denn, man geht so weit, zu behaupten, daß Haffner schon als Dreißigjähriger die Legende für einen posthumen Bucherfolg kunstvoll geschaffen hat. Auch im Interview mit Jutta Krug gibt Haffner eine Beschreibung seines nicht fertig gewordenen Buchprojekts aus dem Jahre 1939, die perfekt auf die »Geschichte eines Deutschen« zutrifft.

Gegenüber Hermann Rudolph nannte Haffner vor fast zwanzig Jahren das damalige Projekt »eine kleine politische Biographie«, in der er geschildert habe, was er bis dahin »schon alles so miterlebt« hatte, den »Ersten Weltkrieg, Revolution, Weimar, Hitler, nun den Zweiten Weltkrieg und so – ist ja ein ganz lebhaftes Themengebiet, an dem ich so herumschrieb.« Deutlich wird hier, daß Haffners Arbeit an dem Buch möglicherweise noch eine kurze Zeit nach Kriegsbeginn weitergeführt wurde (»nun den Zweiten Weltkrieg«), aus den anderen Aussagen wird aber auch deutlich, daß er die »Geschichte eines Deutschen«

recht bald nach Kriegsbeginn abbrach. Wann auf den Tag genau das war, kann niemand mehr sagen, doch in einem Brief an Schmidt-Landry vom 6. Oktober 1939 berichtet Haffner, daß er bereits »neben meinem eigentlichen Buch, von dem (nur) 4 Kapitel und 270 Seiten geschrieben sind, ein kleineres anderes Buch angefangen habe, das nicht mehr als 200 Seiten haben soll [...].« Es folgt auch hier eine Auflistung der Kapitel, wie sie in »Germany: Jekyll and Hyde« wiederzufinden sind. Daraus ergibt sich mit zwingender Logik, daß vom 20. August bis zum 6. Oktober 1939 – wahrscheinlich aber früher, denn Haffner hat da ja schon mit dem »kleineren Buch« angefangen – ein viertes Kapitel geschrieben wurde, das als verschollen gelten muß. Alle diese Briefe befinden sich seit dem Spätsommer 2001 im Besitz Oliver Pretzels, der sie aus dem Nachlaß Landry erhielt. Wären alle diese Details früher bekannt gewesen, hätte es die Ungenauigkeit in der Editorischen Notiz in der »Geschichte eines Deutschen« nicht gegeben, in der es heißt, daß die Niederschrift der »Geschichte eines Deutschen« auf den Beginn des Jahres 1939 datiert werden *kann*. Doch auch wenn man hier und da so tat: Der Streit drehte sich nicht um diese Notiz.

Argumente, Beweise und Indizien für die Echtheit der »Geschichte eines Deutschen« gibt es in Hülle und Fülle. Doch die Zweifel an dem Zeitpunkt der Entstehung der »Geschichte eines Deutschen« sind nicht unter der Last der Beweise für die Authentizität von Haffners Erinnerungen zusammengebrochen, vielmehr krankten sie von vornherein an ihrer eigenen Schwäche und Haltlosigkeit. Das wenige, das überhaupt an Argumenten vorgelegt wurde, war innerhalb weniger Tage widerlegt, und insbesondere der Dresdener Kunsthistoriker Paul, der sich viele Monate um den Abdruck seines merkwürdig naiven Textes bemühte, hätte innerhalb weniger Stunden unter Zuhilfenahme einiger Wörterbücher und eines Telefonapparates seine eigenen Behauptungen überprüfen können und sich damit einen unnötigen und peinlichen Auftritt erspart.

Nachdem er den Sturm im Feuilleton ausgelöst hatte, wünschte Paul, er hätte »nichts geschrieben«. Aber warum, so muß man fragen, verfaßte er dann diese merkwürdige Kritik? Immerhin war ein Interview mit ihm, das am 10. August 2001 vom Berliner Deutschlandradio ausgestrahlt wurde, der Auftakt zu dieser Debatte. In diesem Interview, das auf Veranlassung von Michael Groth, dem ehemaligen Korrespondenten des Senders in Sachsen und Bekannten Pauls geführt worden sein soll, faßte Paul seine überwiegend sprachkritischen Anmerkungen zusammen: Unmöglich könne Haffner schon 1939 die Worte »Endsieg« und »virtuell« benutzt haben, ebenso wenig die Redewendung »business as usual«. Sprachwissenschaftler und Historiker widerlegten diese und andere Punkte schnell.

Paul hatte über mehrere Monate versucht, eine Redaktion in Deutschland von der Stichhaltigkeit seiner Überlegungen zu überzeugen, doch lange Zeit wollte niemand seine mehrere Seiten umfassende Kritik drucken. Im August 2001 gab er schließlich das Rundfunkinterview. Es sollte jedoch erst *nach* der Veröffentlichung seines Textes im Berliner »Tagesspiegel« gesendet werden. Offensichtlich glaubte Paul, daß sein Text an diesem Wochenende dort erscheinen würde. So äußerte er sich gegenüber der »Sächsischen Zeitung«, die seine Kritik – gekürzt um einige der bereits widerlegten Anwürfe – einige Tage später als Debattenbeitrag abdruckte. Der »Tagesspiegel« habe, so

Paul, auf den Abdruck seines Beitrages verzichtet, nachdem sein Interview im Deutschlandradio so heftige Reaktionen in der Presse ausgelöst hatte.

In dem an verschiedene Zeitungen verschickten und schließlich einzig in der »Sächsischen Zeitung« abgedruckten Text moniert Paul »eine Fülle von sachlichen Unglaubwürdigkeiten und Ungereimtheiten, die bei fortschreitender Lektüre immer wieder die Frage nach der Entstehungsgeschichte dieses Textes entstehen lassen.« Ständig liest man bei Paul Sätze wie: »... was ja wohl nicht stimmt«, »das kann so im März 1933 nicht passiert sein« oder »das kann so nicht gewesen sein«. Rolltreppen auf Berliner U-Bahnhöfen, die Haffner in der »Geschichte eines Deutschen« erwähnt hatte, habe es damals noch nicht gegeben. Tatsächlich gab es sie seit dem 1. Juli 1927, wie man im Berliner Technikmuseum weiß. Um dieses herauszubekommen, hätte er ungefähr eine Stunde benötigt.

Absurd wird es, wenn Paul kritisiert, daß in Haffners Text »konkrete Angaben zu Orten oder Personen« fehlen. »Weder erfährt man, neben welcher SS-Kaserne der Vater gewohnt hat, in der Tag und Nacht getrommelt« wurde (Paul: »Da fragt man sich: Schliefen die SS-Leute nachts nicht auch manchmal?«), noch teile Haffner mit, für welche Zeitung er geschrieben hatte »oder wer die ›Dichter der Innerlichkeit‹ waren, die er ›persönlich kannte‹ und die bald lernten, was es mit der Naziherrschaft auf sich hatte. Die meisten auftauchenden Namen sind entweder Spitznamen oder klingen eher konstruiert.« Ist denn Paul nicht klar, daß Haffners Buch, wenn es in England erschienen wäre, umgehend den Weg nach Berlin in die Gestapo-Zentrale gefunden hätte? Daß er Freunde, Familie und Kollegen ans Messer geliefert hätte? Hat sich Paul vielleicht nie darüber Gedanken gemacht, warum Haffner in England ein Pseudonym wählte? »Sebastian Haffner«, so gut der Name auch ausgewählt sein mag, ist nicht das, was man sich gemeinhin unter einem Künstlernamen vorstellt. Spricht nicht die Tatsache, daß alle Namen anonymisiert sind, vielmehr dafür, daß Haffner 1939 seine Freunde und Bekannten in Deutschland schützen mußte?

Eigentlich war es mit dieser Debatte um Sebastian Haffner schon wieder vorbei, noch ehe sie so recht begonnen hatte. Schon im Ersten Weltkrieg hatte Churchill die Formulierung »business as usual«, Ludendorff die Vokabel »Endsieg« benutzt. Gerade ging das Feuilleton zur Tagesordnung über, da erschien am 16. August 2001 – unter Bezugnahme auf die Zweifel des Professor Paul – der bereits erwähnte Artikel von dem Berliner Historiker Henning Köhler in der »Frankfurter Allgemeinen Zeitung«. Pauls Ausführungen bemühten sich noch ansatzweise darum, die Vorbehalte des Verfassers gegen Haffner mit sicherlich schwachen Argumenten zu kaschieren, Köhler verzichtete in seinem Beitrag von vornherein auf jeglichen Versuch dazu.

Köhlers Artikel beginnt mit folgenden Worten: »Was schon lange zu erwarten war, ist jetzt eingetroffen: Zweifel an der Authentizität der posthum veröffentlichten Schrift von Haffners ›Geschichte eines Deutschen‹ sind geäußert worden. Sie sind sogleich wortreich, aber mit wenig Argumenten, in deutschen Feuilletons abgeschmettert worden, die wie ein Mann hinter Haffner standen und seine Hellsicht lobten.« Tatsächlich waren jedoch alle Behauptungen Pauls, die argumentativ auf schwachen Füßen standen, eindrucksvoll und mit einer Fülle von Argumenten widerlegt worden.

Während Paul dem erstaunten Publikum erläutert hatte, welche Worte Haffner 1939 nicht gekannt haben könne, dozierte Köhler, welche Gedanken Haffner 1939 nicht gedacht haben könne: »1939 wußte er [Sebastian Haffner; d. V.] mit Sicherheit nicht viel von der politischen Konstellation des Winters 1918/19, denn der Umsturz [sic!] von 1918 war längst vergessen, Literatur darüber kaum vorhanden. Was er hier [in der »Geschichte eines Deutschen«; d. V.] von der Revolution schreibt, entsprach nicht seinem Wissensstand von 1939, sondern seiner aggressiven Position aus der Apo-Zeit, die er 1969 in dem Buch ›Die verratene Revolution‹ niedergelegt hatte.« Man sieht, Professor Köhler scheint sich in der Entwicklungsgeschichte der Gedanken Sebastian Haffners recht gut auszukennen.

Noch fragwürdiger und konstruierter erscheint die »Argumentation« Köhlers in Zusammenhang mit Äußerungen Haffners in der »Geschichte eines Deutschen« zum Thema Reichstagsbrand. Köhler: »Ein Emigrant, der sechs Jahre später in London darüber schrieb, mußte geradezu von der Schuld der Nazis überzeugt sein. Haffner dagegen vertritt in seiner posthum veröffentlichten Schrift einen ganz anderen Standpunkt und behauptet: ›Das Interessanteste am Reichstagsbrand war vielleicht, daß die Beschuldigung der Kommunisten so gut wie allgemein geglaubt wurde. Selbst die Zweifler fanden es immerhin nicht ganz unmöglich‹.« Hat Haffner in diesem Zitat, das Köhler hier präsentiert, auch nur mit einer Silbe zu erkennen gegeben, er selbst teile die Annahme, die Kommunisten hätten den Reichstag angezündet? Mitnichten.

Köhler aber schreibt: »Für die völlig unglaubwürdige Behauptung, daß die Zuweisung der Schuld an die Kommunisten in Deutschland damals allgemein akzeptiert worden sei, gibt es eine Erklärung: Als Haffner diese Passage niederschrieb, war der Streit um den Reichstagsbrand schon im Gange, das war also frühestens 1960. Da hielt es Haffner nicht mehr für opportun, den Nazis die Schuld in die Schuhe zu schieben.«

Doch Haffner schreibt in der »Geschichte eines Deutschen« schlicht das Gegenteil von dem, was Köhler, einzig aus dem Grund, weil er es für seine Argumentation so benötigt, bei Haffner gelesen haben will. Wörtlich heißt es bei Haffner über die Ankündigung des inszenierten »Judenboykotts« vom 1. April 1933: »Die Begründung dieser Maßnahme ließ den Fortschritt ermessen, den die Nazis seit einem Monat gemacht hatten. Die Legende vom geplanten Kommunistenputsch, die man damals erzählt hatte, um die Verfassung und die bürgerlichen Rechte abzuschaffen, war noch eine gutkonstruierte, auf Glaubwürdigkeit bedachte story gewesen; ja, sogar eine Art Augenscheinsbeweis zu konstruieren hatte man noch für nötig gehalten, indem man den Reichstag brennen ließ.«

Eine Aussage, die an Deutlichkeit nichts zu wünschen übrig läßt. Haffner hat, wie an anderer Stelle schon ausgeführt, der Neudeutung des Reichstagsbrands, wie sie Fritz Tobias im »Spiegel« in den späten fünfziger Jahren vorgenommen hatte, indem er zu beweisen suchte, daß Marinus van der Lubbe den Reichstag doch ohne jede Hilfe angezündet habe, nie zu folgen vermocht; Köhler zählt seit Jahren zu den entschiedensten Verfechtern der These von der Alleintäterschaft Marinus van der Lubbes. Immer hat es Fragen gegeben, ob die Nazis nicht vielleicht doch hinter der Brandstiftung steckten. Eine Aussage über den Zeitpunkt der Entstehung der »Geschichte eines Deutschen« läßt sich daraus allerdings überhaupt nicht ableiten, einmal ganz abgesehen davon, daß sich Haffner niemals danach richtete, was gerade »opportun« sein könnte oder nicht.

Das alles ist wenig überzeugend. Die »Süddeutsche Zeitung« spottete: »Das argumentative Vorgehen in seinem Text erinnert an Nietzsches Definition, Philosophen seien Leute, ›die einen Stein hinter einen Baum legen und dann gehen sie ihn suchen.‹ Köhler bringt nicht eine stichhaltige These vor.« In der Tat fragt man sich nach der Motivation für den Angriff auf Haffner. Er habe Haffners »Geschichte eines Deutschen« gelesen und finde sie »schlecht, wie alles von Haffner«, äußerte Köhler am 23. Oktober 2001 während einer Podiumsdiskussion in Stuttgart, nahm dann aber die »Anmerkungen zu Hitler« und Haffners Churchill-Biographie aus dieser Verurteilung aus.

Köhlers, vorsichtig ausgedrückt, negative Haltung Haffner gegenüber, von der ehemalige Kollegen am Friedrich-Meinecke-Institut der FU Berlin ein Lied zu singen wissen, führt ihn in seinem Artikel in der »Frankfurter Allgemeinen« zu geradezu abstrusen Unterstellungen: Einmal in Fahrt, schreibt er weiter: »Angesichts dieser Widersprüche [die Köhler im Zusammenhang mit dem Reichstagsbrand mühevoll konstruiert hatte – d. V.] stellt sich die Frage: Mit was für einem Manuskript haben wir es eigentlich zu tun? [...] Haffner hat den Text später offenkundig überarbeitet und Passagen eingefügt.

Wahrscheinlich war es sein Wille, daß das Manuskript erst nach seinem Tod entdeckt und publiziert wurde. Dessen Auffinden, am besten in einem Geheimfach seines Schreibtisches, so womöglich sein Kalkül, konnte das Interesse daran und damit den Absatz nur fördern.« Nur wenige Zeilen weiter fällt endlich der bis dahin noch verwendete Konjunktiv Köhlers Verve zum Opfer: »Haffner hat bewußt diesen ›Durchschlag‹ in den letzten Jahren seines Lebens als posthumes Werk, als Überarbeitung und Ausweitung des ursprünglichen Textes konzipiert.« Ein schwerwiegender Angriff auf die Redlichkeit Haffners, wie gesagt, ohne auch nur die Spur eines Beweises. Man ist erstaunt über diese leichtfertig hingeworfenen Unterstellungen, vor allem, wenn man die Entstehung der »Geschichte eines Deutschen« kennt.

Derzeit sind die Kritiker Haffners verstummt; überwältigt von der Last erdrückender Beweise. Sie können als vollständig widerlegt gelten, wie es Volker Ullrich in der »Zeit« vom 8. November 2001 feststellte, nachdem auch das von der Deutschen Verlags-Anstalt in Auftrag gegebene Gutachten des Bundeskriminalamtes das Alter des Papiers und der für das Typoskript benutzten Schreibmaschinen festgestellt hat. Sicher: Theoretisch könnte Haffner einen Stapel altes Papier englischen Formats aufbewahrt haben, und welcher Autor trennt sich schon von seiner geliebten ersten Schreibmaschine? Der Phantasie sind bekanntlich keine Grenzen gesetzt, doch wer Haffner mutwillig zu beschädigen versucht, muß sich nach den dahinterliegenden Motiven fragen lassen. Wie man hört, wird weiter fleißig recherchiert; man darf also gespannt sein.

Es fällt ja auf, daß hier eine Kritik um der Kritik willen geübt wurde, die einzig aus dem Ressentiment Haffner gegenüber erwächst. Oder, wie Haffners Sohn Oliver Pretzel in der Ausgabe der »Zeit« vom 23. August 2001 in dem Artikel »Diese Kritik will den Rufmord« formulierte: »Die Gegner werfen dem Buch ohne irgendwelche objektiven Begründungen vor, es sei eine Fälschung und im Nachhinein erdichtet. Sie werfen mit Behauptungen um sich, und es kümmert sie gar nicht, wenn ihre Thesen widerlegt werden, man kann ja immer neue erfinden.« Es fällt auch auf, daß die Kritiker an Haffners Buch einen unangenehmen deutschnationalen Unterton anklingen lassen, etwa dann, wenn Hennig Köhler in der »Frankfurter Allgemeinen Zeitung« bedauert, daß viele Deutsche »geradezu begierig« sind, »das Ressentiment gegenüber den eigenen Landsleuten und der gemeinsamen Geschichte zu pflegen.« Welchen Umgang mit der Nazizeit schlägt Köhler den Deutschen vor? Traditionspflege – schlimm genug – wie bei der Bundeswehr?

Daß sich diese Angriffe sowohl auf Sebastian Haffner als Person als auch auf sein Werk bezogen, war den Polemiken nicht nur deutlich anzumerken; so wie Haffners Leben verlaufen war, war dieses auch gar nicht anders möglich. Haffners Bücher waren immer Ausdruck seiner persönlichen Lebenssituation und seiner politischen Überzeugungen. Aber es ist wohl so: Etwas an diesem Leben fasziniert die einen, verstört die anderen. Es steckt voller Paradoxien: ein zerstückeltes Leben, in dem sich trotzdem viel Kontinuität finden läßt; ein abenteuerliches Leben eines ursprünglich wenig wagemutigen, ein politisches Leben eines ursprünglich eher unpolitischen Menschen.